名师名校名校长

凝聚名师共识
固志名师关怀
打造名师品牌
培育名师群体

　　　　　郭明速题

班级管理主题创意录

BANJI GUANLI
ZHUTI CHUANGYILU

主　编◎ 朱穗清

副主编◎ 肖晶晶　廖庆新　林洁霞

东北师范大学出版社

长　春

图书在版编目（CIP）数据

班级管理主题创意录/朱穗清主编.—长春：东
北师范大学出版社，2022.7
ISBN 978-7-5681-8922-4

Ⅰ.①班… Ⅱ.①朱… Ⅲ.①中小学—班级—学校管
理 Ⅳ.①G632.421

中国版本图书馆CIP数据核字（2022）第111456号

□责任编辑：石　斌　　　　□封面设计：言之凿
□责任校对：刘彦妮　张小娅　□责任印制：许　冰

东北师范大学出版社出版发行
长春净月经济开发区金宝街 118 号（邮政编码：130117）
电话：0431-84568023
网址：http：// www.nenup.com
北京言之凿文化发展有限公司设计部制版
北京政采印刷服务有限公司印装
北京市中关村科技园区通州园金桥科技产业基地环科中路 17 号（邮编：101102）
2022年7月第1版　　2022年9月第1次印刷
幅面尺寸：170mm×240mm　印张：16.75　字数：254千

定价：68.00元

编 委 会

主题创意录

班级
管理

序 言

赓续初心做大先生 · 凝聚力量追时代梦

六年初心不矢志，为人为事"大先生"。

2016年4月28日，广州市教育局为第二批"广州市名班主任工作室"举行授牌仪式。2016年7月5日，朱穗清名班主任工作室全体成员在广州石化中学举行揭牌仪式。2019年的4月，朱穗清工作室重组团队再启二期建设新征程。2021年5月，朱穗清老师被遴选为（2021—2023年）广东省新一轮名班主任工作室主持人，成立广东省名班主任朱穗清工作室。

工作室以班级管理为主线，以教育科研为先导，以网络为交流载体，以团队学习、同伴互助、独立实践为表征，以"潜心德育，次第花开"为理念，以"专业引领，共同发展"为宗旨，以"凝聚教育智慧，传递专业理念，共同打造班主任发展共同体"为目标，在上级领导与专家团队的指导下，创建学习型组织，开展有层次、有形式、有质量的班主任学习、研修、实践的培训活动，坚持理论和实践相结合，打造一支融理论性、实践性、研究性于一体的"德育合伙人"团队，在交流与碰撞中求进步，在专业化道路上求发展。

基于核心价值追求下的工作室文化

团队理念：潜心德育，次第花开

工作室成员来自不同地域与不同层次的学校，在一起只为一个共同愿景："凝聚教育智慧，打造成长共同体"。工作室继续保持这份纯粹，以"亘以清流·育其穗成"作为工作室的核心价值追求，以"潜心德育，次第花开"作为工作室团队的理念，全身心投入，在工作室的平台上，做真正的有深度的研究，成就学生的同时也成就自己，使自己在教师职业生涯中绽放光彩！

图1

基于"三阶式"的班主任专业成长模型

"一班一世界，一师一追求"，每个班主任在班级管理上都有自己的想法与做法，每位班主任带班久了都会形成自己的带班风格。工作室以形成个人特色班级管理为方向，结合中小学班级管理特点及个性化班级管理"三阶式"发展路径，建构班主任专业化发展模型（图2），制订和实施三年培养计划，通过科研形成个人特色班级管理品牌，有效推动工作室成员的专业成长，在德育管理上形成自己的特色或品牌。

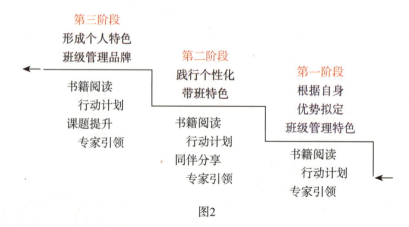

图2

基于"共享成长"理念的宣传平台

2016年6月，广东省名班主任朱穗清工作室正式建立微信公众号并启用，立足于为班主任、家长、学生和学科教师服务，推文坚持原创和实用的理念，内容涉及班级管理、主题班会设计、家庭教育等，受到一线班主任和家长的热捧，公众号已成为工作室辐射全国的一个成熟平台，大大提高了工作室的知名度与影响力，关注数量不断增加，粉丝来自全国各地，大大提高了工作室的辐射效果。

百年初心矢志不渝，征途漫漫其修远兮，我们勇担责任与使命，追逐属于我们的时代梦想！

2022年4月26日

序言

主题创意录

班级
管理

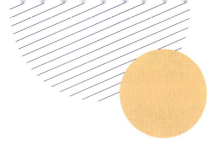

目 录

第二篇 班级文化
——春雨润物细无声

第三篇　节日活动
——寓教于乐得真知

第四篇　特色班会
——素质教育促成长

第五篇　家校合作
——齐管共建成合力

第六篇　管理巧思
——小小方寸显智慧

附 录 创意评语
——个性化评语

第
一
篇

创意作业

——玩转假期有新意

　　同学们将开启寒（暑）假生活模式。抄字词、做卷子……布置作业热火朝天！然而，你还记得当年疯玩一个假期后，挑灯恶补作业的情形吗？还记得"别人家的孩子"早早完成作业，自己还在对着做不完的卷子发愁吗？作为教师的你，还记得那一个个美丽的春节，因为作业而略带"忧伤"吗？

　　写春联，是作业？花市摆摊，是作业？看电影，是作业？去旅游，是作业？假的吧！？

　　今天，我们准备了一份小学到高中的德育作业清单，你可以从中挑选合适的内容，或者由此触发灵感，找到更多创意维度。

　　希望这个寒（暑）假，孩子们可以边玩边成长。

　　那么，接下来，我们就以不同寻常的打开模式，给孩子一个中国风、现代风的寒假或精彩纷呈的暑假。

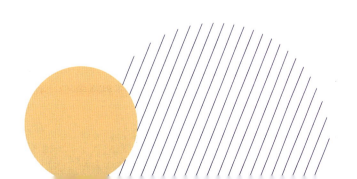

中国风的寒假作业

中华优秀传统文化是5000年中华文明的结晶，是中华民族的独特标识。那中国风的寒假作业是这样开启的。

传统文化我传承

舌尖上的家乡

纤手搓来玉色匀，碧油煎出嫩黄深。

——宋·苏轼《戏咏馓子赠邻妪》

形式一：过年食品制作

（1）了解家乡过年传统食品的来历和寓意。

（2）与家人一起制作过年食品，并将制作过程中的感受和制作工序拍摄下来，用PPT或小视频方式向同学展示。

形式二：家乡美食

（1）寻找家乡的特色美食，品尝家乡美食，感受家乡饮食文化。

（2）了解家乡特色美食的制作过程，如有条件可尝试亲自动手制作家乡特色美食。

（3）探索家乡特色美食的历史渊源、蕴含的地理意义等。

（4）活动后续：根据以上素材完成一幅以家乡特色美食为主题的手抄报（A3纸），开学初在班上进行"舌尖上的家乡"手抄报展览。

（广州市第一一七中学　胡丽君）

形式三：年夜饭

一年一度的年夜饭表现出中华民族家庭成员的互敬互爱，这种互敬互爱使一家人之间的关系更为亲密，表达对父母的感激。通过亲自制作或参与制作年夜饭，学生可以了解中国传统习俗，探究家、团圆、春节对中国人的重要意义，理解爱，理解团圆，理解家国情怀。

（1）你家的年夜饭是谁在做？有哪一个菜或者哪些菜是一定要有的？为什么？

（2）学习烧制一个特色菜，把过程拍下来，制作成PPT，开学展示给同学看。

（3）了解一下你的邻居或朋友家的年夜饭和你家的有什么不同。有哪一个菜或者哪些菜是一定要有的？为什么？

（4）在此基础上，了解一下你家（你的家乡）过年有什么习俗（特色）。爸妈在你这个年纪时过年是和现在一样吗？

（广州市黄埔区港湾中学　黄　晖）

形式四：年味菜谱

（1）了解家乡的年夜饭习俗、菜式和寓意。

（2）了解你家往年菜谱、家乡的传统菜谱，自创虎年年夜饭菜谱（一份以上，写出你的构思）。

（3）和长辈一起商议制定你家的年夜饭菜谱，并随家人一起置办。

（4）选择你感兴趣或擅长的其中一道或几道菜式，亲自动手制作，多张图片展示并附简介（菜谱、制作工序）和一至两位品尝者的简单点评（附表）。

年味菜谱

班级		姓名		学号	
我的创意年夜饭菜谱、主料食材					
我的厨艺展示					
菜品名称				美食类型	
食材					
制作工序					
心得体会					
品尝者反馈（2位）					
附图					

004

（5）在此基础上，通过查阅书刊等方式，了解全国各地的年夜饭菜式菜谱，选择你感兴趣的三个地方，绘制"中国年夜饭地图"手抄报（A3纸），并尝试表达菜式与地方地理环境的关系。

（6）开学后将对作品进行展示与交流，评选出优秀作业。

（广州市番禺区市桥金山谷学校　梁颖思）

办年货（地理版）

年关集市万众临，摩肩接踵如海云。

古时人们把办年货叫赶集，就是大家约定俗成地在固定时间、固定场所进行的贸易活动的俗称。年集是一年中规模最大、参与人数最多的一次集市，一般在农历新年前的腊月二十五。

1. 逛超市

面对着超市里琳琅满目的年货，细心的你会发现，同一年货，种类却很多，如葡萄酒，有来自法国、智利和澳大利亚的；如白酒，有贵州茅台、四川五粮液、山西汾酒、江西的四特酒等。因为品种不一样，产地和价钱各异。

2. 识标签

在各种年货中，你是否留意过各种年货的生产日期、出产地、原料和成分、保质期等？

3. 写观察

选一种你最喜欢的"美味的年货"，可以是某温度带的水果，可以是山珍海味，可以是五谷杂粮。通过查阅课本或利用网络搜寻资料，从地理思维角度出发，探究年货的出产地，探究"质优价廉"的秘密。

（1）查阅《中国行政图》，年货位于哪个省级行政区？

（2）查阅年货的生长环境：如位于的地形区，什么气候类型，气候特征是什么，属于哪个温度带，作物熟制，等等。

（3）查阅出产地有什么河流（水源），土壤成分是什么，等等。

（4）查阅运输该年货有什么便利的交通条件。

（5）请充分展示你的地理素养，脑洞大开，发挥你的创意，为该年货设计一条广告词。

4. 评作品

等下学期开学后，收齐学生作品，看看哪个学生的作品设计最精美，描述最专业，年货最令人垂涎。把优秀作品在宣传栏展示出来，供欣赏。

（佛山市南海区西樵镇西樵中学　温志标）

春 联

千门万户曈曈日，总把新桃换旧符。

——宋·王安石《元日》

1. 收集春联

走访和摘录家乡居民门上的春联，了解春联的种类和内容，通过上网了解春联的起源，感受中华优秀传统文化。

要求：摘抄家乡居民门上的春联，将收集到的春联进行分类，体会春联寄托的美好愿望。

2. 学习春联的写作

春联写法的学习，感受汉字的魅力和春联寄托的美好愿望。

要求：原创春联一副。

3. 练习书法

用毛笔书写一副春联，在新春到来之际将所写的春联贴在自己家的门口。

4. 活动后续

开学后进行春联创作评比及展示。

评分标准：春联创作内容5分，毛笔书法5分，总分最高为10分。

（广州市黄埔区荔园小学　张　媚）

剪窗花

镂金作胜传荆俗，剪彩为人起晋风。

——唐·李商隐《人日即事》

（1）搜集民间剪纸、剪窗花的习俗。

（2）学习剪纸艺术，剪一幅作品，拍下照片。

（3）活动后续：作品在家长群提交，做成投票小程序后，班级家长群进行网络作品评比。

（广州石化中学　朱穗清）

年 画

半幅生绡大年画，一联新句少游诗。

——宋·陆游《出游归卧得杂诗》

（1）搜集了解年画的内涵和贴年画的习俗。用找年画、识年画、赏年画、拍年画等不同的形式感受我们中国民间艺术的精妙。

（2）自创或模仿画一幅年画。

（3）请你和父母一起挑选并购买一幅年画，贴在自己家的门口，并试着将你挑选的年画用英文介绍给你的朋友或者家人。请将你介绍时录下的视频分享给你的同学和老师。

（4）活动后续：提交年画照片。

（广州石化中学　朱穗清）

孝亲敬长我必行

谁言寸草心，报得三春晖。

——唐·孟郊《游子吟》

执笔给父母写一封"情书"，表达对父母的感恩之情，放在自制的红包里，让真挚的祝福和真实的爱意潜入除夕夜，温暖父母幸福的梦乡，让父母也享受一下收红包的快乐！

（1）发挥智慧的小宇宙，为父母私人订制红包，设计封面配图、文字，或浪漫抒情，或活泼俏皮，或传统中国风，风格不定，用心设计即可。

（2）"情书"主题不限，形式不限，自由发挥，将内心的情感化作朴实的文字温暖家人的心灵。

（3）红包里面还可以放一些自制的小配饰或者小卡片。

（4）把红包的设计过程记录下来，作品拍照，不要忘记拍下父母收到专属红包"情书"后的表情哦。

（5）活动后续：图片、文字都放在PPT上，开学班会课上大家一起分享交流。

（广州市黄埔区玉泉学校　邓学琼）

主题探究我体验
——寻根问祖·家史探源

1. 探家谱源

春节期间，全家通过拜访长辈，或查找文献，或网上收集资料，了解家谱文化起源、家庭姓氏发展历史、中国姓氏的有趣故事等，探寻家庭源头。

2. 读百家姓

寒假期间，邀请长辈开展一次家庭读书活动，一起了解《百家姓》的成书背景，知晓姓氏排序的原因，并了解自己姓氏的由来、自己名字的寓意，感受长辈的关爱与寄托。了解自己姓氏后，制作属于自己的"谒"（名片的前身）。

3. 晒家庭事

找出家族中你最佩服或最有名望的一位"名"人，撰写一篇家族名人故事文章或制作一张手抄报。

4. 画家谱树

了解家谱的记述方式，手绘或计算机制作近五代人的家谱。

5. 呈现家训

通过对长辈进行主题采访，运用文字、照片、图画等形式梳理"我的家史家风"，以绘本、视频、图画等形式呈现家训。

6. 活动后续

写下收获感悟，小组完成一份调查研究报告。

（广州石化中学　朱穗清）

社会实践我参与

——春节花市社会调查实践：如果我来"摆摊"

年年羊城花似锦，岁岁观花人如潮。

（1）以小组为单位，实地考察广州花市。至少考察三个地方的花市。

（2）通过观察、记录、访谈等方式了解花市摊位经营情况。

（3）活动后续：完成主题为"如果我来花市摆摊"的调查报告，给出春节花市摆摊建议，具体如时间、地点、货品、促销手段等。

（广州开发区外国语学校　张义豪）

生活技能我在行

一屋不扫，何以扫天下。

——清·刘蓉《习惯说》

（1）搜集了解"年二十八，洗邋遢"的习俗。

（2）坚持每天整理床铺、收拾书桌、清理书柜等。

（3）活动后续：年二十八当天，把自己打扫卫生时的照片及自己卧室的照片上传至班级学生群，让同学们选出"最美卧室"。

（广州石化中学　朱穗清）

岭南特色我探寻

千色玻璃窗，满眼岭南情。

"广式满洲窗"（Manchuria window），是岭南地区流行的地域性窗式之一。作为广州特定历史时期的产物，从一个侧面反映了岭南地区的广州乃至我国近代以来传统建筑文化与国外建筑文化逐渐融合的一个过程。

颜色：红、黄、蓝、绿、紫、金。

（1）以小组为单位制作一份"满洲窗"。

（2）满洲窗的图形是一种对称图形，图案必须两个以上。

（3）感受中西文化融合美的同时体会对称美。

（广州石化中学　丘玉霞）

探寻二十四节气之美

二十四节气，来自混元前。

——宋·陈著《次韵王得淦长至》

通过学习二十四节气来感知自然的变化，与自然建立连接，体会到古人向大自然学习、总结，与自然建立连接的智慧。学会体验总结，通过"五感"的建立更好地学习和成长。与STEAM相结合的劳动教育，不仅能够获取信息知识，还能够启发兴趣、开拓思维，涵盖了更大的兼容性与跨学科性。

【活动主题】

1.节气·印象

任选二十四节气中任意一个节气，拍摄此节气当天的照片或者视频。

2. 节气·文学

阅读关于二十四节气的绘本、书籍（中英文均可），并撰写200字的读书心得或感想。

3. 节气·味道

寒假期间，立春节气即将到来。以"立春"为主题，孩子和家人们一同制作菜肴，并以制作PPT和拍Vlog为主，完成图文菜肴介绍或者视频分享（中英文均可）。

4. 节气·特色

制作与二十四节气相关的书签（中英文均可）。

【活动后续】

开学后，利用班会时间进行分享并且评选优秀作品。

（珠海市梅华中学　曾培栖）

现代风的寒假作业

关心时事、关注健康、关爱社会，这一份"现代风的寒假作业"，为不同学段的孩子量身定制，走入孩子的心灵，与孩子同一频率。

亲子共赏电影，感悟家的意义

【活动主题】

伴我同行——亲子共赏电影，感悟家的意义。

【活动目的】

通过亲子共赏电影活动来探究家的内涵与意义，帮助学生理解什么才是一个家庭的要素，让学生和家长理解爱、责任等要素，促进家庭成员的思考，使家庭和谐，并构建健康的家庭关系。

【活动内容】

1. 布置作业

寒假时，每个家庭在老师推荐的电影单中任选一部或另外自选一部讲述家庭成员间关系的电影，家长和孩子一起看，看完后共同完成亲子作业表。

2. 备选电影清单

《埃塞尔与欧内斯特》《感化院》《起跑线》《何以为家》《小孩不笨》《小鞋子》《海蒂和爷爷》。

3. 亲子作业表

亲子观影报告

班级			姓名	
电影内容		起因		
		经过		
		高潮		
		结局		
父母感想				
孩子感想				

注：除"父母感想"由家长填写外，其他项目均由学生填写。

【活动后续】

寒假结束后举行电影分享会，学生上台分享自己的关键词和感悟；邀请写得好的家长到校分享自己的心得，并颁发班级自制的优秀家庭的奖状。

（广州石化中学　叶园园）

阅"闹市"百态，写人生一味

【活动主题】

花城冬韵里，做一回"看客"：阅"闹市"百态，写人生一味。

【活动目的】

为6月毕业预热——现在的每一步，都是将来的铺路砖。

学生利用初中阶段最后一个寒假，阅读必读名著《儒林外史》，培养"鉴赏人物"意识的同时，走访身边的"闹市"，试着给自己上一堂"人生课"——人生百态，你今后想过哪一种？你该如何达成？

【活动内容】

1.读"儒林"

沉浸式地、完整地读完《儒林外史》，看尽儒生众相，联系自身，体味儒生百态的意蕴。

2.走"闹市"

（1）走访。走访社区、菜场、书店、商场等，还可利用春节拜年走亲戚的机遇，"阅览"人们在生活里的各种姿态——他们或匆忙，或惬意；或拼搏，或随流；或安逸，或恣睢；或美满，或平淡……

（2）记录。仔细观察，交谈一二，扼要记录。

（3）立题。即将毕业的你，站在人生真正意义的第一个岔路口上，请认真思考并确立自己的人生"选题"。

3.写"一味"

"闹市"有百态，人生浸百味。你的人生之"味"，该由你自己来酿。

以半年为期，择人生一味——围绕"我的人生之'味'"，执笔写下你的人生选题。

【活动后续】

开学后，利用课堂时间分享活动报告。

（广州市黄埔区天健学校　尹　琳）

我眼看世界，我手记我心

【活动主题】

在这个冬天，观世界，忆过往，感当下，思未来。

【活动目的】

记录下寒假生活，展望未来。

【活动内容】

1. 我看世界——旅行游记

制作图文并茂的旅行游记，或是小视频，将自己寒假去过的地方展示给大家，可以是家乡的风土人情，可以是与家人一起出游的景点，可以是一处你喜欢的角落。

2. 传承家风——家庭编年史

采访自己的祖辈和父辈的亲人，用图文并茂的办法，以时间为序，编写家庭二十年编年史。每年记录一两件最值得纪念的大事。有图有文，写清时间、地点、事件，如有感受更好。制作成PPT或是册子，开学后与大家分享。

3. 体验生活——家庭日常

（1）掌握一项家务技能与一项急救技能，开学与大家分享，如能现场展示更佳。

（2）前往家长单位，体验一日工作，并用图文并茂的方式记录下来，开学分享。

016

4. 计划未来——60件事

用A3的卡纸，制作一张打卡表格，计划2020年要做的60件小事：

（1）20件与父母一起完成的小事。

（2）20件自己独立完成的小事。

（3）20件与朋友一起完成的小事。

比如：一起郊游、一起看完一本书、一起改掉一个坏习惯、一起看日出日落、一起做家务……所有你想做的，都可以写下来哦！让自己的生活更有仪式感，让未来更值得期待！

（广州市黄埔区天健学校　肖晶晶）

读者剧场

【活动目的】

实践学习活动观，着力提高学生学用能力，同时重视现代信息技术的应用。这种作业形式促进了信息技术与课程教学的深度融合，科学地展开线上线下学习的融合，丰富了课程资源，拓展了学习渠道，提升了学生的合作意识和与人交往的能力。学生通过小组合作来完成此项作业，通过共同努力，加深了学生彼此间的了解，增进了学生间的感情，促进了他们友谊的发展，提升了学生小组合作学习的能力。通过揣摩人物情感，学会用语音、语调表达情感与情绪，学生在日常生活中更懂得了交流的技巧以及换位思考。

【活动内容】

（1）以小组为单位，每个小组6～8人，每人饰演不同的角色，包括旁白。可以由多人饰演同一个人物角色的不同时期，也可以有部分群演。

（2）通过富有韵律感、感情丰富地朗读剧本台词的方式，表现剧本的故事情节，塑造出栩栩如生的形象，可以适当配以肢体动作。

（3）通过拍摄视频的方式记录，可以后期进行视频剪辑。

（4）最后将视频、剧本（可以用现有的剧本，也可以改编，甚至可以原创）、角色介绍等资料打包好交给老师。

【活动后续】

开学后，利用班会课让学生进行展示，并评选优秀作品进行展览或者让优秀小组现场进行展示。

（广州中学润心工作坊　刘　菲）

寻找最美的建筑

【活动主题】

我与祖国的建筑合影。

【活动目的】

（1）增进亲子的亲密度。

（2）培养学生的爱国情怀。

（3）了解祖国建筑的历史、文化等知识。

【物品准备】

手机或相机。

【具体操作】

（1）选择一处能代表祖国历史、现在、未来（三选一）的建筑，并提前查阅此建筑的知识背景。

（2）以家庭为单位一起制订出游计划。

（3）出游当天学生与建筑合照，并注意合照时要展示一个有意义的手势。

（4）活动后，把当天活动的照片粘贴在活动报告中，并填写手势的意义和自己的感想。

（广州石化中学　叶园园）

寻找传统技艺

【活动目的】

了解中国传统技艺，体验或尝试学习相关技艺；弘扬民间技艺人的工匠精神；通过视频的方式推广传统技艺，为传统技艺的传承做出努力；促进对传统文化的了解，引导学生知艺、学艺、守艺，增强文化自信。

【活动准备】

手机或摄像机等录像器材、采访提纲、相关传统技艺知识。

【具体操作】

（1）了解自己的家乡或者想去的目的地流传下来的传统技艺种类。

（2）提前在图书馆或者网上收集所选传统技艺的背景与相关知识。

（3）列出采访提纲，并准备好手机或摄像机等拍摄器材。

（4）了解传统技艺，参与体验；对传统技艺人进行采访（可涉及技艺的发展历史、相关专业知识、技艺人的经历或想法等）。

（5）随机采访其他同行或路人等，记录他们对此项传统技艺的一些观点与看法。

（6）总结并提炼自己对此项传统技艺与技艺人的看法等，并录制视频。

（7）对视频进行剪辑，注意主题鲜明，详略得当，也可补充一些网络上现成的有关此项传统技艺的专业介绍等。

（8）制作片头与片尾；创建字幕，尤其需要对重点内容进行文字呈现。视频不少于8分钟。

（广州中学　王晓漫）

寻找"不一般"的书店

【活动主题】

在生活的城市，寻找给你留下深刻印象的书店。

【活动目的】

（1）培养读书习惯，打造书香班级、评选书香小组、阅读达人。

（2）了解书店的室内设计与功能区。

（3）了解书籍的分类。

【具体操作】

（1）走访所在城市的2—3家书店。

（2）对所参观的书店进行对比分析，选取其中印象深刻的一家进行深入了解。

① 写出你觉得这家书店"不一般"的原因。设计风格？书籍种类？功能区划分？……

② 准备三个你想了解的问题，对书店的店员进行采访，并把采访结果记录下来。

③ 购买一本你感兴趣的书籍，阅读后写读书推荐卡。

（3）在征询店员或读者同意的情况下，拍摄下书店里最让你感动的一个场景。

（4）制作PPT，对以上内容进行分享。

（广州石化中学　朱穗清）

寻找笑脸

【活动主题】

偷拍家庭成员笑脸。

【活动目的】

（1）感受微笑带给人的力量和美好。

（2）用"笑"化解生活的不如意，笑迎生活每一天。

【具体操作】

（1）爸爸、妈妈和孩子，每天通过手机或相机偷拍生活中家庭成员的一张张笑脸。

（2）用美篇APP收录每天拍摄的照片，并简单记录下照片背后的故事。

（3）假期结束，与父母相互分享美篇，并评选出"最灿烂的笑脸""最有意思的笑脸""最有故事的笑脸"。

（4）开学后，提交家庭评选出的摄影作品故事和"照片背后的故事"征文，参与班级比赛。

（广州石化中学　朱穗清）

寻找最美村落

【活动目的】

我们的国家幅员辽阔、历史悠久，各地发展迅速却又往往仍保留着许多传统的特色，也有许多不为我们所知的古老村落，静静等待我们去造访、去欣赏、去了解。对于一直生活在城市的孩子而言，能够带着一种返璞归真的心走入另一种生活，去寻找遗失而独立存在于我们生活中的绝美画卷，了解最纯粹的生活方式，是一种难得的体验，不仅让孩子们对国家发展的多样性、传统文化的保留有了更深入的了解，尊重差异，也能让孩子们更加热爱生活，珍惜所有。

【活动内容】

（1）假期与父母或者朋友一起探访广州或者家乡等的古村落。

（2）欣赏并用相机记录古村落的自然景观、建筑风格、人文风情等。

（3）通过与当地人的交流或访谈，了解村落的特点、发展史、村民生活方式等。

（4）剪辑视频，配上文字，展示最美古村落的全貌与人文风采。

【活动后续】

开学后利用班会课进行展示，并评选出优秀作品。同时，如果条件允许，可以开启以此为主题的一次研学活动，就近选择一个古村落进行集体探访。

（广州中学润心工作坊　周　灿）

特殊的"上班"之旅

你知道父母每天上班的路吗？你知道他们一天都做了哪些工作吗？

你知道他们每天要工作多少时间吗？你知道他们的劳动强度如何吗？

……

【活动主题】

我陪爸 / 妈去"上班"。

【活动目的】

（1）通过观察和记录，了解父母的工作岗位、工作内容以及工作时间。

（2）通过亲身实践，体会工作的烦琐，感受父母工作的辛苦与不易。

（3）通过体验与思考，培养学生的劳动意识和实践能力，帮助学生树立正确的劳动观。

【活动对象】

小学生。

【活动准备】

（1）手机或相机、活动记录表、确定好跟随的对象以及时间。

（2）事先了解爸爸 / 妈妈上班的地方有什么规定和要求，特别要记住哪些是不能做的。

【活动过程】

1. 踏上父母上班路

跟随爸爸或妈妈踏上上班的路程，并记录好上班具体乘坐的交通工具、路线以及所用时间，了解父母日复一日去上班的方式和路途。

2. 分担父母工作任务

力所能及地分担爸爸 / 妈妈的工作任务，如收拾办公桌、装订、复印、包装、运送等。

3.完成活动记录表

在爸爸 / 妈妈认真工作时，保持安静，仔细观察工作环境，记录爸爸 / 妈妈一天的工作内容；在吃饭或休息的时间完成访问任务，了解爸爸 / 妈妈的就业历程；工作结束后，认真整理，用心体会，撰写心得。

我陪爸 / 妈去"上班"活动记录

姓名		班级	
陪伴对象	□爸爸 □妈妈	她 / 他的工作岗位	
		她 / 他的工作地点	
		她 / 他的工作时间	至　　共　　小时
上班路程		时间：　　出发；　　到达 共用　　小时 / 分钟	
		具体交通工具：　　　　路线：	
		早餐如何解决：	
上班时间			
爸爸 / 妈妈 在忙什么			
我的发现	我发现爸 / 妈的工作环境 我发现爸 / 妈最忙碌的时间是 我发现爸 / 妈今天主要的工作任务是 我发现爸 / 妈吃饭时间是　　　　；休息时间是 我发现爸 / 妈一天的工作强度是		
我的访问	1.您为什么会选择这个职业？ 2.您是如何找到这份工作的？ 3.从事此岗位对个人（学历、专业、个人素质）有什么要求？ 学历：　　　专业： 个人素质：		
我的感悟			

（广州市增城区教育研究院　张小雁）

与心交流的暑假作业

　　教育，是唤起内心善良的过程，是老师与孩子心与心的交流。让孩子怀着乐观的心态看待周围的一切，以宽容大度的心胸去待人，发现生活的美。

气球宝宝伴我行

【活动主题】

气球宝宝伴我行。

【活动目的】

生命教育、感恩父母。

【具体操作】

1. 学生与气球宝宝建立关系

（1）由学生自己选一个气球自己吹足气当成自己的宝宝。

（2）学生为自己的气球宝宝取名字，并用马克笔在气球上面画脸谱。

（3）然后用长度适中的绳子把自己的手和气球宝宝绑在一起。

2. 学生与气球宝宝同行

（1）学生与气球宝宝同行时间至少为24小时。若中途气球破了，要在日记中详细写明原因和反思。

（2）同行当天，睡觉、吃饭、逛街、洗澡等所有活动都要和气球宝宝连在一起。

3.学生为气球宝宝写日记

（1）活动结束后，为自己的气球宝宝写一篇600字以上的日记，详细记录自己和气球宝宝的点点滴滴，并谈谈自己的感想。

（2）侧重思考以下问题：

① 假如这个气球宝宝有生命，你照顾了它14年，但它突然破掉了（失去了生命），你有什么感受？

② 你怎么看待自己伤害自己的行为？

③ 看完父母对自己和气球宝宝的照片与文字记录后，你有什么感想？

④ 你如何看待、处理与父母发生的不愉快？

4.父母记录孩子和气球宝宝的一天

（1）照片记录。

（2）文字记录。

（广州石化中学　叶园园）

角色互换

【活动主题】

你有多了解你的父母？

【活动目的】

亲子换位思考，学会互相体谅与理解。

【具体操作】

1.角色体验

（1）对你的父亲或者母亲进行一周观察，记录他或她一周的生活情况。例如：几点起床，起床后干了什么事，几点上班，用什么交通方式，等等。

（2）和父母进行一次回忆往事的交流，请父母说一段最难忘的往事。

2. 角色互换

（1）利用周六日与父亲（母亲）进行一次"身份互换"的活动，为期两天以上，双方记录角色互换期间的小插曲和感受。

（2）角色体验完毕后，召开家庭会议，家庭成员相互分享感受。

3. 写日记分享

将以上活动的内容、感悟写成一篇日记，开学进行分享。

（广州市黄埔区港湾中学　陈华晴）

放飞心情

【活动主题】

亲子放飞机。

【活动目的】

（1）释放心理压力，增进亲子关系。

（2）亲子共同探究放纸飞机的物理学知识，培养孩子发现问题、探究问题、解决问题的能力，激发其对物理学科的兴趣，培养其科学探究精神和创新意识。

【物品准备】

（1）彩色的A4、A3纸若干张，根据需要准备各种类型的纸张。

（2）制作实验记录表。

【具体操作】

方式一：亲子户外游戏

（1）用彩色的A4纸折成不同形状的纸飞机备用。

（2）把自己开心的事情、不开心的事情和对自己的祝福写在不同颜色的纸飞机上。

（3）与爸爸妈妈一起选择一个空旷的地方，进行亲子放飞机比赛。

（4）提交作业要求：照片。

方式二：亲子实验探究

（1）与父母一同上网查找折纸飞机的资料。

（2）亲子实验探究内容参考：

① 设计出纸飞机的N种折法，测试出不同形状纸飞机的飞行性能。

② 研究飞行最远与在空中飞行时间最久的两种机型。

③ 纸飞机的飞行方向和投掷方向有关吗？

④ 纸飞机的飞行和翅膀有什么关系？

⑤ 纸飞机的飞行与飞机机头的形状和质量有关吗？

⑥ 纸飞机的飞行和纸的种类有关吗？

（3）设计实验表格记录。

（4）提交作业要求：实验记录表、实物照片。

方式三：亲子小课题研究

（1）学习小课题研究的方法。

（2）参考上述实验要点，或在查找资料和实验探究后，根据自己的研究兴趣和与父母的探讨，拟定研究内容，形成小课题，进行深入研究。

（3）提交作业方式：小课题研究报告。

（广州石化中学　朱穗清）

馨心畅谈吧

【活动主题】

馨心畅谈吧。

【活动目的】

进入青春期后，青少年与父母之间的关系发生了微妙的变化，这个阶段的亲子沟通非常重要，也是非常讲究技巧的。相关报道显示，喜欢跟父母聊天的青少年更幸福。尝试与父母主动沟通，让他们知道自己需要什么，有什么困惑，大胆地提出自己的看法。

【具体操作】

1.选择谈心环境与约定

（1）环境。

①特定谈话环境。

家里：布置舒适、温馨的地方都可以，父母尽量都在场，不要缺失了家人一起共度的温馨时刻。

户外：周末来个野餐，在公园草地上支个帐篷，一家人趴在一起看着外面或者躺在野餐垫上仰望蓝天白云时就可谈心。

②随机谈话环境。只要不是嘈杂喧闹、容易分心的地方都可以。

（2）约定。

手机静音、不接电话、不来回走动；相互尊重，认真聆听，听事实、听感受，不评判；遇到分歧时，保持冷静，控制情绪。

2.谈心内容参考

（1）特定主题：有的放矢选好题目，明确主题目标达成。

如：采访父母的成长或工作经历／彼此的情绪状态／近期最大的困扰或担忧／人际交往中的烦恼／对学习和未来职业的期望与计划……

（2）天马行空：为人处世从中品，交谈过程互相学。

如：天文地理和时事政治／对各种社会现象的看法……

（3）亲子关系：营造气氛不可少，心平气和融洽谈。

如：家庭误会或者分歧的处理／家庭公约的商定……

（4）突发事件：突发事件做典型，抓住机会随机谈。

如：青少年自杀的事件……

3.活动时间

（1）每周至少一次，每次不少于15分钟。

（2）每次谈心做好"谈心记录"，暑期需要提交4次"谈心作业"。

（广州市黄埔区文冲小学　蔡淑妍）

生命成长故事

【活动主题】

家庭故事"慧"。

【活动对象】

初三毕业学生、家长。

【活动目的】

初三毕业学生刚刚经历了人生中的一次大考，备考过程中有挫折，有收获，更有成长，对生命有了更多的思考。暑期恰好是孩子沉淀自我，感悟成长的好时期。通过家庭故事会的形式，父母和孩子一起分享成长故事。在故事分享、经验提炼的过程中，实现家庭成员的共同成长。

【物品准备】

A4纸、彩色笔。

【具体操作】

1. 口述生命成长故事

开展亲子故事会，分享彼此成长过程中印象最为深刻的成长故事和自己的心路历程。

2. 记录生命成长故事

通过绘画、手抄报、散文、诗词等形式记录父母的成长故事，从父母战胜挫折不断成长的过程中提炼生命的力量，增强生命的韧性。

3. 演绎生命成长故事

与父母讨论，提炼应对挫折、克服困难的成长智慧，并通过角色扮演重新演绎成长故事，拍摄视频或经验介绍短视频，教会更多网友正确应对挫折，实现生命成长，传播网络正能量。

（广州石化中学　林洁霞）

色香味俱全的品书宴

【活动主题】

有色有香有味，品书品史品人。

精心设置读书会环境：有良好外部环境的场地，有美味可口的小吃茶点，有轻松怡情的音乐。用心挑选书籍、安排阅读活动环节，共品书香之美。

【活动目的】

（1）让书香渗入生活，润泽人生。

（2）让学生学习对书籍的深度阅读。

（3）锻炼学生的活动策划与组织能力。

（4）提升家庭亲子氛围与幸福感，培养伙伴之间的合作力。

【活动对象】

各年龄层皆可，以家庭为单位最佳。

【具体操作】

1. 筹备阶段

组建本读书会中心小组。可以组建家庭读书会、同学读书会，也可以组建同学+家庭读书会。建议人数在3～10人。

2. 策划阶段

讨论确定共同研读书目——

确定阅读活动主题——

确定阅读活动环节——

确定活动地点——

确定主持、场地、后勤与摄像等具体分工——

3. 实施阶段

按照策划开展读书会活动。

4. 整理阶段

整理本次读书会各项过程性材料，包括策划书、活动照片、活动成果等。制作一份介绍性PPT，上交班级。

（广州开发区外国语学校　张义豪）

我有一个小心愿

【活动主题】

亲子写心愿。

【活动目的】

疫情期间，不少家庭的亲子关系变得恶劣，孩子长时间待在家里，跟父母的矛盾升级，经常吵架。选择外面一个环境优美的地方，大家心平气和地互相给对方提一个小心愿、小希望，改善亲子关系。

【活动准备】

市内的公园、博物馆、图书馆等环境优美、安静的地方。

【具体操作】

学生与家长一起，利用空闲时间，选择一个公园（一个环境优美、安静的图书馆、博物馆、餐厅等），互相给对方提一个新学年的心愿、希望，然后交给对方保管，定期（根据心愿的达成难度，提前定好检查、审核的周期）检查，看看谁完成得更好。

（广州开发区外国语学校　张伟智）

"唱"享幸福

【活动主题】

"唱"享幸福。

【活动目的】

丰富假期生活，创建幸福温暖家庭；发掘学生潜力，提供展示平台。

【具体操作】

（1）准备一首内容健康积极的歌曲，以家庭为单位（包括学生本人至少3名成员），利用全民K歌软件，录制一首歌曲。

（2）利用全民K歌软件给歌曲配上有家庭成员的背景图片或视频。

（3）开学后，提交歌曲链接参与班级比赛。

（广州市第一一七中学　胡丽君）

未来，你好！

【活动主题】

未来，你好！

【活动目的】

（1）树立人生理想，憧憬未来想要成为的样子。

（2）对未来有清晰的规划，当下的努力更有目标。

（3）发挥理想的力量，鞭策成长之路。

【具体操作】

（1）书写"会议通知书"，和家人约好时间召开家庭会议，和父母一同讨论自己的人生理想。

（2）家庭会议中，分析自身的长处和短处，完成《性格优缺点分析书》，确定适合自己的人生理想（未来努力的方向）。

（3）讨论写下实现理想的计划书，并从假期开始努力。

（4）拍下视频，做好记录，开学交流。

（广州市黄埔区茅岗小学　赖丽洁）

初三（高三）的时间瓶

【活动主题】

"瓶"实力，"信"自己。

【活动目的】

为明年中考（高考）鼓劲。

【活动对象】

新初三（高三）学生。

【具体操作】

1.物品准备

班主任准备一个小瓶子，用来收集学生的信。

2.写一封信给自己

每名同学利用暑假好好总结过去两年学习上的得与失，看看是进步了还是退步了。给明年中考（高考）的自己写一封信，定一个目标，订一份计划。开学后放入老师准备的"时间瓶"里。

（广州开发区外国语学校　张伟智）

主题创意录

班级
管理

班级文化

——春雨润物细无声

　　一个人，如果没有自己的愿景、使命、价值观，就失去了奋斗的目标、前进的动力。同样，一个班级，如果没有自己的愿景、使命、价值观，也就失去了团结向上、奋力拼搏的凝聚力和精气神儿。因此，在班级建设上，特别需要发掘、发展、发扬一种属于自己班级的核心文化，而属于班级的个性化的标识，就是班级文化的集中展现和表达。

　　班级标识是班级文化的可视象征之一，是体现班级文化个性化的标志，一般包括两个部分：一是班级名称、班训、班歌、班徽等班级精神标志物，二是班服、班旗等物质形态的标志。

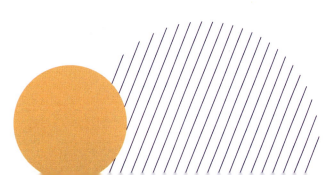

GG·羿清飞萤

【班级名称】

GG·尚羿班。

释义：

羿：指鸟张翅旋风而上，有腾飞之意。段玉裁注，谓抟扶摇而上之状。

羿清：清字是指纯洁、清明、清白、清雅、高尚、清静，与羿字搭配寓指知书达理、洁身自好、大雅君子。

【班级理念】

尚善崇德，羿清飞萤：

> 羿展而上
>
> 清静修为
>
> 飞龙乘云
>
> 萤窗雪案

释义：

> 欲展翅，必先静修；
>
> 欲腾飞，必先苦读！

【班徽图片】

【班徽寓意】

42名同学团结协作组成的大家庭，无论何时何地，都能够把手搭在一起，把心连在一块，带着共同的信念迎难而上、展翅腾飞！

【班级简介】

GG·尚羿是一个积极乐观、奋发向上的团结班集体，班级学生秉承着"欲展翅，必先静修；欲腾飞，必先苦读"的班级理念，怀抱着远大理想向着更高、更远的地方飞翔！GG·尚羿实施着班级团体管理模式，没有完美的个人，只有完美的团队，是班级6个团队的共同追求。在团队学习共同体的构建中，相互帮助，相互促进，着力让团队中每名同学都有提升；在一次次的团队拓展中，不断磨合，相互鼓励，让团队成员有强烈的团队精神。

共同的愿景，共同的行动，向未来挑战，为理想而拼搏，为青春而喝彩！42双精彩的手为此而挥舞，每一个人都用自己微薄的力量创造着尚羿的精彩！

（广州石化中学　朱穗清）

知行、正行、同行

【班级名称】

行者班。

释义：

行者：天行健，君子以自强不息——奋进有为的精神；

　　　行者无疆——辽阔远大的志向；

　　　千里之行，始于足下——脚踏实地的意志；

　　　如孙行者般——无畏无惧的勇气。

【班级理念】

知行、正行、同行。

释义:

知行:知行合一,学以致用;

正行:正心诚意,仁义勇信;

同行:更优秀的你我,共建更美好的世界。

【班徽图片】

知行、正行、同行

【班徽寓意】

班徽整体外形抽象自孙行者头上的金箍,一望而知是"行者",再辅以中间隶书体"行者"二字。"行"字一竖形似金箍棒,寓意为学习孙行者正义勇敢、刚正不阿的精神,也讲究规则有度。中间四种颜色代表行者班"仁义勇信"四个核心精神。金箍上以线条勾画出四条跑道,寓意行走在班级核心精神之路上。

【班级简介】

行者班以"知行、正行、同行"的班级理念为共同价值,并在实践中逐步实现与完善之。

"知行"是认识世界的路径。学会学习、学会做事、学会共处、学会生活,以学习的方式逐步成长为一个完整的人。

"正行"是建立人生的准则。儒家文化中的"仁、义、勇、信"四个字是精神核心。仁者无敌,是对世界的善意和包容;义者有度,是建立自己的准则并坚持之;勇者不惧,是敢于担当和正面苦难;信者立身,是建立人与人之间关系的基石。

"同行"是人生价值的导向。我们要努力让自己更优秀,并且引领身边更多的人"同行",共同建设一个更美好的世界。这应当成为行者班少年们对民族的责任担当。正如行者班的班级口号：开外二班，行者内涵；仁义勇信，民族在肩。

（广州开发区外国语学校　张义豪）

Y5 Team 内外兼修

【班级名称】

Y5 Team。

释义：

（1）"Y"是叶（yè）老师名字开头的字母。另外"Y"的左边一撇代表对内培养学生关心他人、感恩他人的能力，右边一撇代表对外培养学生社会化的能力，加起来即代表班级文化核心"内外兼修"。

（2）"5"代表我们是5班，也代表我们的"青春五要素"：创新、拼搏、合作、活力、感恩。

（3）"Team"为组、团队，我们班分8个小组进行学习比拼，互相帮助前进，我们全班又是一个团队，共同创建美好的班集体。

【班级理念】

内外兼修。

内修于心，外化于行。

内外兼修，知行合一。

释义：

对内，培养学生关心他人、感恩他人的能力；对外，培养学生社会化的能力。

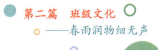

第二篇　班级文化
——春雨润物细无声

【班徽图片】

【班徽寓意】

班徽由幸运草环、圆环和文字组成，由内而外的含义分别为：

（1）文字含义，在前"班级名称"中已做介绍。

（2）圆环代表着团结，更代表着"青春五要素"的光环。粉色代表女生，蓝色代表男生，绿色则代表着我们"小清新"们的青春活力，代表着如初春绿叶般生生不息的生命力和创造力。

（3）幸运草环是由48个四叶草围成的，代表着48个幸运的祝福，祝福每位幸运的同学。这份"小确幸"还隐含着我们幸运地在叶老师的带领下，争取到的光明的未来。

【班级简介】

广州石化中学2020届的（5）班，又名Y5 TEAM。整个班级是建立在"团队制"班级管理的基础上的，由8个小团队凝聚成一个大团队，在学校与家长的共同努力下，通过校内校外各种团队活动和亲子活动，体现"内外兼修"的班级发展理念。

Y5 TEAM的班级发展目标是以《中国学生发展核心素养》中基本内涵里的文化基础、自主发展、社会参与为总目标。面向孩子的内心，培养学生感受爱和表达爱的能力，让学生成为一个人格健全、心理健康的人。面向外面的社会，培养学生从自然人成为社会人，使学生能认识社会、适应社会、改造社会。

（广州石化中学　叶园园）

笃行、励新

【班级名称】

笃行班。

释义：

"笃"有忠贞不渝，踏踏实实，一心一意，坚持不懈之意。"笃行"有切实履行，知行合一，行为淳厚，纯正踏实之意。

【班级理念】

笃行致远，唯实励新。

释义：

知行合一

善始善终

求真务实

开拓创新

【班徽图片】

【班徽寓意】

班徽是以"笃"字为原型，寓意是带着希望与目标，努力奋斗，脚踏实地与坚持创新，一往无前，奔赴远方。

【班级简介】

笃行班以"智力、毅力、定力、眼界、责任、追求"为发展目标，以"笃行致远，唯实励新"为班级理念，结合班级特色文化与活动，不断推进集

体建设与班级成长。

借助主题班会、个体思想教育、班级活动、班级隐性与显性文化等潜移默化地引导学生努力、踏实求学，阳光、谦逊为人；以情感为依托进行德育教育工作，注重班级凝聚力的培养，在班级中营造一种快乐、团结而又向上的氛围。引导学生养成运动习惯，拥有健康的体魄；培养独立的生活能力，构建良好的人际关系；掌握高效的学习方法，明确自己的理想目标；培养卓越的奋斗精神、有魄力有原则的工作能力以及不自我的大格局意识。

（广州中学　王晓漫）

翻众山·移万难

【班级名称】

042

移山班。

释义：

太行、王屋二山，方七百里，高万仞，本在冀州之南，河阳之北。……

——《愚公移山》

2000年来，愚公移山精神给予了中国人民很大的启发和奋进的动力。新时代仍然需要愚公移山的精神，移山精神中矢志不渝的信仰力量是新时代青年成长的精神食粮，将继续引领青年们共筑中华民族伟大复兴的中国梦。

【班级理念】

将美好的事情做到极致。

释义：

相信"相信"的力量，将美好的事情做到极致。

这就是移山班的精神，"相信"本来就是一种无穷的力量，这巨大的力量增强了移山学子们对自己国家的自信，同时相信梦想，相信老师，相信同学，相信家长，相信广雅。这些强大的信任力量将会凝聚成最强的前行动力，师生共同发现自我、发现美好，携手砥砺前行。

【班徽图片】

【班徽寓意】

移山："翻众山，移万难"。意在引导移山学子们认识到人生总会遇到困难，有问题并不可怕，关键在于敢于面对问题，并勇于持之以恒地解决问题，方能在人生的路上披荆斩棘，气势昂然。班徽中的"移山"二字用金色表示，金色，是一种辉煌的颜色，是太阳的颜色，它代表着温暖与幸福，也拥有照耀人间、光芒四射的魅力，象征着闪耀、光辉和光明，代表移山班的同学们向阳而生，努力成为发光的人。班徽以大海为背景，山来自海，从地球长期进化的时间跨度中阐明移山人的不忘初心。

043

【班级简介】

愚公移山，是为了拥有更广阔的视野，见证更多美丽的大好河山，体现了我们民族浓浓的家国情怀。美丽中国，需要新时代愚公移山精神。移山班级文化的建设将中华民族优秀传统文化的气质刻入移山学子的骨髓、融入血液、注入灵魂中，拓宽了教育的时空维度，助力移山人的终身发展。"翻众山、移万难"的文化情怀，将不断激励移山人继续努力克服人生中将要面对的每一个困难，不断发现更好的自己。移山班的精神，正如我们班歌的歌词："多认真、多少的坚毅，移山就在我的心里；经过多少艰辛才能成为耀眼新星；我始终在这里，手紧握着笔，永远不说放弃；跌倒站起，继续前行。"

每一个移山人都是一盏明灯，他们用自己的实际行动，点亮移山品牌、传播移山文化、弘扬移山精神，他们也将在毕业后的学习、工作和生活中，

用愚公移山等优秀传统文化精神影响他们周围的同学、同事、未来的学生们和他们未来的孩子们。我们在雅园共同经历的青春和我们移山人共同的情怀及使命，也将伴随我们师生的人生。以文化为载体的班级建设培育了移山学子们浓浓的家国情怀和积极的生命状态，文化助力德育，德育成就智育，移山文化，铸魂育人。

（广东广雅中学　侯　磊）

勤求学、敢担当、勇追梦

【班级名称】

"静"待花开班。

释义：

"静"字来自班主任的名字，象征着"静"待花开（14）班的52人怀揣希望，努力奔跑，"静"待花开！

【班级理念】

勤求学、敢担当、勇追梦。

释义：

"勤求学"丰满智慧人生

"敢担当"书写人生大义

"勇追梦"唱响青春乐章

【班徽图片】

【班徽寓意】

班徽整体为蓝色，白色花的造型寓意静姐和我们的爸爸妈妈默默耕耘，"静"待花开；下方蓝色书本造型犹如知识海洋，我们（14）班的每个孩子都热爱学习；班徽中两个蓝色的同心圆，象征着在学校的带领下，我们（14）班的全体老师、同学、家长目标一致，同心协力！中间数字"14"的图标由红绿蓝三种颜色组成。其中红色"1"像火炬，如同奥运精神，寓意为光明、团结和勇敢拼搏；绿色和蓝色组成数字"4"，绿色代表和平、希望，寓意我们是国家的栋梁；蓝色代表海洋，寓意我们乘风破浪、勇往直前。整个"14"的造型如龙腾飞。花朵和数字的整体造型象征着我们"静"待花开（14）班的52人怀揣希望，努力奔跑，"静"待花开！

【班级简介】

"勤求学"丰满智慧人生，在我们这个有爱、有梦、有坚守的大家庭里，我们"静"待花开（14）班的每个孩子都要勤奋学习各门学科知识，打下坚实的知识基础，做到善于独立思考，明辨道理。

"敢担当"书写人生大义，有艰辛不气馁，有挑战不畏惧，有挫折也要坚持，努力做到胸膛里永远有激情，肩膀上永远有责任。

"勇追梦"唱响青春乐章，在担当使命中坚定梦想，勇于探索未知的世界，为追逐梦想插上翅膀，播下本领的种子，"静"待花开。

自信人生二百年，会当水击三千里。"静"待花开（14）班的全体成员是充满自信、意气风发的少年，我们在担当使命中追逐梦想，用拼搏之笔写好人生答卷。

（湛江二中港城中学　李培静）

第二篇　班级文化
——春雨润物细无声

活力飞扬，斗志昂扬

【班级名称】

飞扬班。

释义：

飞，指展翅高飞，发挥才能，施展抱负。

扬，指斗志昂扬，意志力强，勇战困难。

【班级理念】

活力飞扬，斗志昂扬。

释义：

舞动青春，活力飞扬；

踌躇满志，斗志昂扬。

【班徽图片】

【班徽寓意】

"No.1"体现出我们飞扬一班的目标与勇夺第一的志向；"飞"字两点化为翅膀，预示着我们将在广阔无垠的天空中自由翱翔；"飞扬"的大旗挥舞着与我们一同前进！

【班级简介】

飞扬一班是一个团结奋进、积极向上、充满朝气的班集体，展翅高飞，自由翱翔，发挥才能，施展抱负，勇夺第一；斗志昂扬，意志力强，勇战困难；团结友爱，互帮互助，相亲相爱一家人；刻苦学习，争创一流；积极进取，勤学善思。

他们向往着梦想与自由，在人生前行的道路上用汗水浇灌希望，用青春诠释无悔，活力飞扬，斗志昂扬！

（广州市天河外国语学校　严月珍）

沐浴朝阳，少年欣欣以向荣

【班级名称】

朝阳班。

释义：

朝阳，"梧桐生矣，于彼朝阳。"——《诗经》。

"朝阳"温暖、灿烂，焕发生机、充满希望。

【班级理念】

朝气蓬勃，阳光正气。

释义：

班级如朝阳，散发光明和温暖，照耀孩子成长。

孩子如朝阳，拥有健康的身体、学习的能力、开阔的视野、高洁的品格、远大的理想，积极向上，一身正气，一脸阳光。

【班徽图片】

【班徽寓意】

广州市八一实验学校是一所悠久历史、拥有红色军旅文化特色的学校。7字头上的红色五角星意指朝阳7班所在的学校文化氛围。7字脖子上系着的红领巾寓意7班的学子心向祖国、心向党，新一代"八一"人传承红色文化。七彩寓意班级学子多姿多彩的学习和生活。"朝阳"二字凸显班级名称特色，寓意朝气蓬勃、阳光正气。

【班级简介】

朝阳班以"朝气蓬勃，阳光正气"为班级发展理念，以"和谐进取，乐学善思"为班训，家校合力"创最好班级"，激励学生"做最好的自己"。

班级每个角落都洒满朝阳。以红色文化铸造班魂，引导学生以英雄为楷模，树立崇高的理想，为学生构建新时代下的崇高精神家园，使得"坚强、勇敢、自信，忠诚、乐观、笃厚"的优良品性在孩子们身上逐步形成。

班级每个孩子都沐浴阳光。以传统文化修养品性，以古诗词和经典国学为内核，用中华民族优秀传统文化化人、育人，让学生成为"腹有诗书气自华"的少年君子，在经典文化的阳光中，汲取生命成长的养分。

班级每颗心灵都和善温暖。善小而为的行为落实，让孩子们从善如流。善小而为之，小善积多了就成为利天下的大善厚德，熏陶和温暖每颗心灵。

红色文化的精神引领，传统文化的人文渗透，善小而为的行为落实，三者相辅相成，成就了朝阳7班的鲜明特色，带来正面效应，成为推动学生成长的强大动力。

（广州市八一实验学校　周　敏）

明德唯馨，笃行致远

【班级名称】

明德班。

释义：

明德，"大学之道，在明明德。"——《大学》。

"明德"是指旨在希望学生弘扬光明正大的品德。

【班级理念】

风清水澈，尚美人生。

释义：

风清水澈。我校地处国家5A级旅游景区——云阳龙缸景区，学校旁边的石笋河清澈透底，孕育着大山深处的山山水水和一万多清水土家族乡人民。本班所要培养的正是如风一般清爽，如水一般通透明澈，如山一般坚韧不拔的莘莘学子。

尚美一生。希望每一个孩子健康成长，培养上善若水、利万物而不争的品性，伴随孩子的一生，影响每一个孩子成人成才。

【班徽图片】

【班徽寓意】

班徽由外环绿色，内圈白底配紫、红、蓝四色构成的图案组合而成。绿色象征希望，紫、红、蓝象征绚丽人生。

圈内白底，紫、红、蓝组合图案取之于"清水"的"水"字，它既是笔走龙蛇的草书"水"字，又是一个翩翩起舞的舞者形象，凸显了作为云阳县唯一土家族乡的最具代表性的民族特色——摆手舞。圈内蓝色部分勾勒出"天下第一缸"——龙缸的形象，把清水最典型景观融入班徽中，既表现了学校的地理位置，又表现出特有的少数民族文化。跳动的舞者代表着本班学生，舞出绚丽人生。

本班培养的学生应像风一样清新而热情，像水一样纯净而坚韧，故为风清水澈；学生就是一滴水，每滴水都在这个水池里，水纹一圈圈扩大，象征着孩子们在学校的培育与任课教师的教导下，每天都在进步，从而影响学生的一生，故为尚美一生。

【班级简介】

明德班以"风清水澈，尚美人生"为班级发展理念，以"快乐学习，健康成长"为班训，努力营造"勤学，勤思，勤勉"的班风、学风，激励学生"好好学习，天天向上"。

本班在班级管理中注重发挥学生的自主管理能力，培养了一批优秀的班干部，班级全员参与管理，做到人人有事做，事事有人做。每一个孩子都参与到班级文化的建设中，营造了良好的学习氛围，形成了奋发向上、团结友爱的班集体。近几年来，本班多次被学校评为优秀班集体，在学校起到了模范带头作用。

班级学生全面发展，品学兼优，德、智、体、美、劳等方面表现突出，在校级、县级运动会和青少年科技创新大赛等活动中均取得了优异的成绩。多名学生荣获学校"三好学生""优秀少先队员"和云阳县"优秀学生干部""文明礼仪之星""艺术之星"等称号。

（重庆市云阳县清水民族小学　汪星辛）

尚善崇德，雅量高致

【班级名称】

尚雅班。

释义：

尚，有崇尚之意。"雅"寓意温文尔雅、谦和守礼的品质。

【班级理念】

尚善崇德，雅量高致。

释义：

善——和善友爱，团结进取。

德——德才兼备，同心同德。

雅——以礼待人，举止优雅。

致——学以致用，致高致远。

"尚善崇德"是我们的年级理念，"雅"既是班主任名字中的一部分，也寓意温文尔雅、谦和守礼的品质，还包含了琴艺、书法、绘画等高雅的志趣。

【班徽图片】

【班徽寓意】

班徽整体外形是一个规整的圆，中间的"雅"字体是自创的，富有特色，同时寓意雅行、雅言和雅志，分别指的是行为举止上温文尔雅，言语中温和有礼，志趣上高雅。

【班级简介】

培养尚善崇德的尚雅人。尚善崇德是年级理念，同时作为班级理念的一部分。尚善，崇尚"善"，从一系列的"善文化"活动中，逐步渗透学生善爱、善恩、善学、善友的深刻含义，让学生成为具有爱国情怀、懂得感恩、善于学习、乐于合作等美好品德的青少年！

形成雅量高致的美好气质。"雅量高致"是班级理念，通过一系列"雅文化"活动，从气质上培养学生具有雅量的品格，学会谦和守礼、气度宽宏、真诚坦荡、文质彬彬的待人方式。

在老师、家长和学生的共同努力下，尚雅班逐渐成长为一个充满阳光，向善，向雅，充满活力，积极向上的班集体。

（广州石化中学　李春雅）

凌云壮志，脚踏实地

【班级名称】

凌云班。

释义：

"凌云"出自清朝吴庆坻的《悔余生诗》，"须知少时凌云志，曾许人间第一流。哪晓岁月蹉跎过，依旧名利两无收。"意思是，不要忘了年轻时的凌云壮志，曾决心要做世间第一流的人物。哪里知道时光匆匆而过悄然流逝，依然像从前一样名声和利益都没有收获。

"凌云"寓意为有敢于执着追求的理想和坚定进取的精神。

【班级理念】

"想"要凌云壮志，"做"要脚踏实地

【班级口号】

二班二班，非同一般，战无不胜，勇夺桂冠。

【班徽图片】

【班徽寓意】

蓝绿的背景色，犹如青天，代表班级纯净而美、积极向上；几朵富有生命力的白云，寓意为同学们就像敢于在天地间翱翔的雄鹰，有直上云霄的凌云精神；我们要一直做到气有浩然、学无止境、厚积薄发、绝顶为峰，一定能实现凌云之志。

【班级简介】

我们是亟待翱翔的凌云班，是一个充满活力、向上、有冲劲儿的班。进来班级，首先看到黑板上方的一则标语——"越努力，越幸运"，激励同学们奋发向上，就一定有收获。黑板的左边展示了我们日常学习的风采。荣誉栏里，张贴着从初一到现在我们获得的所有班级荣誉，这是我们二班的骄傲。在荣誉栏的下方，是我们每月评比出的班级双桥星。双桥星是凌云班中的优秀之星，他们在学习态度、卫生管理、纪律管理和礼仪礼貌上是所有人学习的榜样。在黑板报的正上方，显示我们的班级理念："壮志凌云，脚踏实地"。"想"就要壮志凌云，"做"就要脚踏实地，一步一个脚印，希望每一名同学未来都能展翅翱翔。

（广州市荔湾区双桥学校　刘小君）

追逐光芒，锐意进取

【班级名称】

追光班。

释义：

鲁迅先生曾说："有一分热，发一分光，就令萤火一般，也可以在黑暗里发一点光，不必等候炬火。此后如竟没有炬火：我便是唯一的光。"光是我们内心的指引，每个人都应该做一个追光者，追逐希望之光，追逐梦想之光，追逐精神之光，追逐自我之光。

【班级理念】

追逐光芒，锐意进取。

释义：

仰望星空，追逐光芒。

脚踏实地，锐意进取。

【班徽图片】

【班徽寓意】

整个班徽由数字"802"、两只兔子、彩虹之光组成。班徽由班级学生手绘完成，"802"是"八年级二班"的简称，图中两只兔子在追逐"彩虹之光"，代表了班级的"追光者"精神，一只兔子给另一只兔子送胡萝卜，意味着802班集体成员在追光路上充满友爱。

【班级简介】

广州市花都区新雅街镜湖学校追光班由41个学生组成，以追光者精神"追逐光芒，锐意进取"为班级发展理念，期待每一名学生都能成长为阳光、自信、拼搏、进取的人。追光班以"发现你自己，成为更好的人"为班级发展目标，鼓励学生发现自己的光芒，学习他人的光芒，做一束照亮集体的光芒。未来可期，时光不负追光者，追光班的每一名学生必将散发光芒，汇成漫天星空。

（广州市花都区新雅街镜湖学校　杨晓婷）

奔跑、逐梦、远航

【班级名称】

向阳班。

释义：

向阳，顾名思义，它代表着自信、阳光与勇敢，代表着41颗心怀梦想蓄势待发的希望种芽。

相信，41颗努力的心，不会辜负向阳之名！

【班级理念】

先学做人，律己宽人，助人为善，做受欢迎之人；

再重学问，自主合作，善思勤练，做有内涵之人。

释义：

先学会做一个识礼懂法之人，再探究学问，只有懂规则、识方圆才能更好地融入社会与集体，从而不断地成为更好的自己。

【班徽图片】

【班徽寓意】

叶瓣：六叶花瓣代表的是我们班的六个小组。

色彩：花瓣的六种颜色代表的是性格各异、各具特色的六个不同组合。

形状：花瓣朝着不同方向生长，呈现向阳生长状态，象征着我们向阳班以蓬勃向上的姿态，朝着梦想的方向，迎阳向上。

在六色花瓣的外面还有一片叶子半包围着，象征着同学们在班级的带领下阳光、茁壮成长。

056

【班级简介】

向阳班由合力、晴天、勤学、拼搏、超越、卓越六个小组41人组成，其班训是：先学做人，律己宽人，助人为善，做受欢迎之人；再重学问，自主合作，善思勤练，做有内涵之人。41个不同家庭背景、性格的学生因为一个梦想汇聚到了一块，以青春的名义向朝阳进发，在阳光下奔跑、逐梦、远航。

（湛江市徐闻县下桥中学　林　娱）

十里骐骥，雄鹰展翅

【班级名称】

JY高三11YYDS。

释义：

JY是学校的简称，即嘉应中学；YYDS来自网络用语，意思是永远的神。

【班级理念】

十一最优（十里骐骥，一同努力；最强十一，优胜之师）。

释义：

十里骐骥意指班内的同学都要像千里马一样，日行千里，不要放弃。

一同努力是指班内所有同学应该拧成一股绳，为了班级荣誉相互提醒，共同努力。

最强十一提醒每名同学要将班级树立成为年级的榜样和示范班级，要将班级建设成为年级最强的班集体。

优胜之师意指高三11班这个团体就跟"师"——军队一样，有纪律性、组织性，一定可以打赢"高考"这一仗。

【班徽图片】

【班徽寓意】

在新高考的形势下，高三11班中是物理、化学、地理组合的学生，2019年步入高一学习，2022年6月毕业。"拾壹"和"eleven"意指11班。"十里骐骥，一同努力；最强十一，优胜之师"。结合高考选报的组合，该班徽融合了物理元素的公式：$E=mc^2$；化学元素：锥形瓶、圆底烧瓶、试管，仪器中盛放了不同颜色的试剂，意指化学学科丰富多彩；地理元素：蓝色的地球仪。直尺和三角板是理科班的元素。中间的是独角兽，独角兽为神话传说中的一种生物，形如白马，额前有一个螺旋角，代表高贵、高傲和纯洁。有的故事中描述其长有一双翅膀，寓意孩子们要插上理想的翅膀不畏艰难往前行。

【班级简介】

JY高三11YYDS，是一个积极乐观、奋发向上的团结班集体，该班级男生居多，女生居少，是很典型的高考理科班，成绩一直在同年级遥遥领先，同学之间互助互爱，共同促进，共同进步，班级气氛和谐、积极向上，在学校的班级评比中一直居于前列。

为了高考愿景，同学们一同努力前行，为梦想拼搏努力，以期明年能够收获一份满意的大学录取通知书。激情澎湃，斗志昂扬，力争上游，十一最优，雄鹰展翅，为青春而喝彩！

（梅州市梅江区嘉应中学　吴思敏）

优秀班主任带的班级都是极具特色的，同时他们会开展极具特色的班级活动。创意班级活动是立足于不同类型学校的实际情况，根据各位优秀班主任多年的实践经验创设的独具特色的班级创意活动，让学生有所收获，给学生更炫舞台。这些有创意的班级活动能帮助班主任进行德育工作，是一种充满艺术的智慧之举。

我们有许多的节日，有中国的传统节日，有特殊的纪念日。在学生们的心中，是不是每一个节日，只剩下放假与作业了呢？并不是的，我们可以带着他们更深入地认识这些节日，活动便是最好的载体。

第三篇

节日活动

——寓教于乐得真知

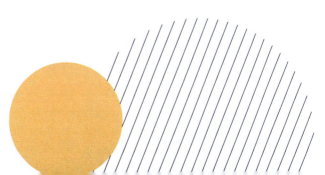

清明追思　缅怀先烈

"清明时节雨纷纷，路上行人欲断魂。"这是同学们自小便耳熟能详的诗句。他们是否真的理解为何断魂呢？如今的幸福生活，是革命先烈用鲜血换来的，清明时节，适合追思，更该缅怀！

诵读红色家书，缅怀革命先烈
——清明节创意活动设计

【活动目的】

（1）通过诵读红色家书，引导学生了解革命先烈的光荣事迹，鼓励学生与革命先烈对话，学习革命先烈不怕牺牲、舍身救国的精神。

（2）引导学生在学习生活中发扬革命先烈的精神，践行革命先烈的遗志，立志成才、报效祖国。

【活动准备】

红色家书收集、朗诵专用卡纸、话筒、横幅。

【具体操作】

（1）提前准备好自己最喜欢的一封红色家书，了解革命先烈的主要经历以及这封家书背后的故事，提前准备好自己读家书时的背景音乐和PPT。

（2）上台读红色家书，读完后与班级同学分享革命先烈的主要经历和家书背后的故事，分享自己读完这封家书后的感受。

（3）全班诵读结束后，选择自己感触最深的一封家书，为革命者写一封回信，跨越时空，表达你对他（她）的敬佩和缅怀。

（广州市花都区新雅街镜湖学校　杨晓婷）

追梦四中队缅怀先烈祭扫活动
——广州市八一实验学校

【活动主题】

清明追思，缅怀先烈。

【活动目的】

（1）告诫新时代的学生勿忘国耻，在和平时期仍应继承和弘扬老一辈革命家和先烈们舍己为国的精神。

（2）增强同学们爱祖国，爱人民，刻苦学习，立志成才，报效祖国的信念与决心，同时使同学们融入集体中，培养互相协作的能力，共同进步。

【活动背景】

广州市八一实验学校作为一所诞生于人民军队母体、具有光荣历史和优良传统的学校，非常注重特色教育，在教学中传承红色基因、厚植家国情怀。清明期间，追梦四中队组织了家长和学生共同参与的"清明追思，缅怀先烈"祭扫活动。

【活动准备】

鲜花、活动横幅、安全活动方案。

【活动时间、地点】

青冢静立忠魂宿，梨花风起正清明。4月5日上午，追梦四中队师生、家长近百人来到广州起义烈士陵园祭奠先烈。

苍松翠柏掩映下的广州起义烈士陵园，烈士纪念碑高高耸立，墓冢封土上铺满了富有生命力的铁线草，象征着烈士们"野火烧不尽，春风吹又生"的革命精神。

【活动过程】

（1）中队辅导员罗老师讲述革命先烈的故事。队员们统一身着校服，手捧洁白的菊花，列队站在庄严肃穆的烈士纪念碑前倾听。

（2）刘耿男爷爷朗诵诗歌。刘耿男爷爷是一位曾参加过1979年对越自卫反击战的革命老前辈，他特意为这次活动创作了一首诗歌以悼念英烈。

（3）中队辅导员罗老师、全体队员、家长深情诵读《写给英雄》，与革命先烈跨越时空"对话"。

（4）中队辅导员罗老师总结。

（5）向烈士敬献鲜花。队员们静静肃立、默默凝思，面向烈士纪念碑默哀，默默献上一朵小白菊，寄托对先烈们的无限哀思和敬意。

（6）祭扫活动结束后，队员们参观了起义博物馆，详细了解了中华民族崛起的历程。

【活动效果】

此次活动得到了家长的大力肯定，使学生们深深地明白，如今我们拥有的和平盛世更凸显出当年革命的艰难，正是这些舍身忘我的英雄才成就了我们今天的幸福生活。英雄志、忠骨魂，在春风中激荡，岁月在奋斗中永恒。成千上万的先烈，为了祖国和人民的利益英勇牺牲，孩子们坚定了报国之志，厚实了家国情怀！

（广州市八一实验学校　罗　鸣）

温情五月　感恩至亲

"谁言寸草心，报得三春晖！"5月，在这亲情融融的季节里，我们迎来了母亲节。在这温馨的日子里，为了让孩子们学会感激妈妈的养育之恩，体会妈妈的不容易，培养孩子用行动去表达对妈妈的爱，班主任老师们开展了感恩母亲节的活动，进一步激发孩子们对母亲的浓浓爱意。

"爱你在心口难开"母亲节主题班会

【活动简介】

高中阶段的学生处在青春叛逆期，自以为是，以自我为中心，平常不善于向父母表达自己的爱意，且亲子交流减少，甚至两代人之间有很多沟通的障碍，或存在误解。所以在母亲节前夕，邀请家长共同参与母亲节主题班会，目的在于增进亲子交流，促进沟通，让学生学会表达对父母的感恩和爱意。

【活动准备】

（1）按小组分工，准备节目和道具。节目包括小组唱、诗歌朗诵、亲子互动游戏、小品表演、大合唱等。

（2）制作PPT，内容包括节目介绍和各个节目的背景音乐及相关图片。

（3）布置教室：摆座椅，挂气球和彩带等，制作母亲节主题板报（让学生用心形便利贴写上对妈妈的祝福，再贴成大的心形）。

（4）拍摄并制作视频，全班同学每人跟妈妈说一小段"在母亲节最想跟妈妈说的话"，全长约10分钟。

（5）设计制作较精美的邀请函，邀请家长和其他老师来参加活动。

【活动步骤】

（1）主持人导入今天的节目主题，介绍参与嘉宾。

（2）二人合唱*Mama，I love you*。

（3）播放视频《世上最伟大的名字：妈妈》（内容是关于母亲十月怀胎的不易及哺乳期的艰辛）。

（4）诗歌朗诵《爱，因有你而完整》。

（5）幽默小品串烧《母与子》（由学生自主编写剧本，学生表演母子日常生活中的情景）。

（6）亲子互动游戏"你真的了解我吗"（邀请家长参与，主持人随机抽问题发问，家长和孩子同时写答案，答案相同最多的组胜出，发奖品）。

（7）情景剧《听妈妈的话》（由学生自主编写剧本，题材来自日常生活中母子之间的摩擦和误解）。

（8）亲子互动游戏"你猜我猜，猜猜猜"（邀请家长参与，孩子做描述，妈妈来猜内容，答对最多的组胜出，发奖品）。

（9）播放视频：《在母亲节最想跟妈妈说的话》（班会前由全班同学录制）。

（10）学生代表发言，给参加活动的家长送小礼物。

（11）邀请家长代表和领导谈活动感受，班主任对今天的活动做总结发言。

（12）全班大合唱：《感恩的心》《真的爱你》。

【活动效果】

本次活动取得很好的活动效果，促进了亲子交流，加深了两代人的相互理解，让孩子和父母都对亲子关系应该如何加强和改善有了更多的思考。学生通过本次活动，用各种表现形式向父母表达内心的感恩和爱意，参与活动的学生和家长均表示非常感动、难忘，这是一次难能可贵的亲子交流体验。

（广州石化中学　陈锦洁）

诗香颂亲恩

——庆祝母亲节系列课程

【活动简介】

在母亲节即将来临之际，三位班主任跨学科共同筹划，组织开展一系列课程，让学生"品味母爱——学会表达——仪式体验"，表达对母亲的感恩之情，学习以富有仪式感的方式恰当地表达自己的情感。

【活动准备】

（1）确定课程主题——"诗香颂亲恩"。由"诗香—花香—菜香—歌颂"系列活动构成课程，并由三位班主任进行分工。

（2）准备资源：阿牛《妈妈的爱有多少斤》原唱+伴奏音乐、小贺卡、荔枝玫瑰、大卡纸、拍照助手。

（3）学习课程：结合语文教材，学习创作诗歌的方法。学生提前写好《致母亲》诗歌，老师把关修改。

【活动步骤 】

活动一：赋诗诵亲恩

（1）写一首献给母亲的诗，把诗抄在小贺卡上，用彩笔对贺卡进行装饰。

（2）拍照。

（3）回家把贺卡送给母亲。

活动二：唱歌颂亲恩

（1）学唱阿牛的《妈妈的爱有多少斤》。

（2）合唱，拍成视频，由班主任在班级群发布，献给每一位母亲。

活动三：护花感亲恩

（1）每个同学一枝荔枝玫瑰，一个小的玻璃花瓶。

（2）一枝尚未开放的荔枝玫瑰，外表看起来皱巴巴的，弱弱的，但是只要你悉心呵护，静待花开，它会绽放出生命的精彩；一个薄薄的玻璃花瓶也是极其脆弱的，需要你细心保护。同学们的任务就是要把它们安全地护送回家，把花养好，就像是母亲把你从一个弱小的生命养育大一样，体会父母的付出。

（3）活出生命的精彩：每个同学拿到的花和花瓶都是一样的，但用不同的东西衬托，将呈现出不一样的精彩，请你发挥你的创意，设计出一瓶属于你的花。

（4）家人与花合个影，发给班主任。

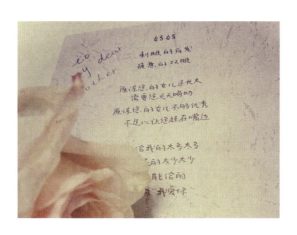

活动四：菜香谢亲恩

（1）在家为母亲做一道菜。

（2）把做菜过程拍成小视频，在班级群发布分享。

【活动效果】

许多初中的孩子已经不喜欢跟家人"黏"在一起，他们往往也没有意识到，或者不善于表达对父母的感情。这次体验课程让学生明白，善于表达情感的重要性，以及如何去用富有仪式感的方式表达情感。家长们对这个活动非常认同，在班级群里热情地交流孩子们送给她们的礼物和诗歌，还有孩子们做的菜。

（广州开发区外国语学校　张义豪、朱婉梅、吴文芬）

三行情书

【活动简介】

5月10日，借家长会的机会开展了为父母唱首《时间都去哪儿了》、"表白"父母、为父母读三行情书的活动。

【活动准备】

（1）确定主题：初二7班家长会暨"表白"父母。

（2）准备资源：《时间都去哪儿了》伴奏，学生一起书写的"表白语"，学生为父母写的三行情书，PPT。主持人：班长。协助人：班主任、政治老师。

（3）会前彩排：5月9日彩排合唱《时间都去哪儿了》。5月10日上午彩排三个活动环节：合唱、"表白"、读三行情书。重点纠正声音小的问题，并最终敲定所有细节。

【活动步骤】

（1）让我们为你们唱首歌。

（2）观看学生初一到初二的成长"足迹"，女生配乐独诵《表白》，末尾全班齐诵《爸爸妈妈，我爱你们》。

（3）让我们为你读首诗（配乐）。

【活动效果】

初二的学生更多地想有自己的空间，从前与父母无话不谈，现在却变得不爱与他们交流了，内心的爱羞于表达了。这是进入初中以来我班学生第一次和家长一起参加家长会，会前他们虽然直呼肉麻、煽情，排练时很害羞、放不开，但真正开始时，却都很投入，很动情。家长也很感怀，会后有不少家长称赞这个环节非常好。

（广州市黄埔区天健学校　尹　琳）

知恩于心，感恩于行

——母亲节"我为妈妈做顿饭"主题活动

【活动目的】

把妈妈从家务活中解放出来，切身感受父母平时照顾自己的辛劳，深切体会妈妈的爱，同时，把知恩的心转化为感恩的行动，大胆表达爱。

【活动准备】

（1）确定主题：为妈妈做顿饭（一道菜）。

（2）明确要求：在周末亲自去买菜、洗菜、做菜。可以在父母的指导下完成，但必须全程参与，亲自动手，并拍下成品照片发送到班级群相册。

（3）实在不会做菜或者想创新的同学，也可做别的。比如做三明治、寿司、蛋糕、糖水、布丁等。

【活动效果】

青春叛逆期的孩子，与父母的沟通交流越来越少。而父母的爱因无时不

在，又使他们很难感动。给妈妈做顿饭的活动，同学们先是觉得好玩而兴致勃勃。但喧闹的市场、油腻的肉类、四处飞溅的热油、满桌狼藉的碗碟，使他们深深体会到，平常的家务原来要耗费妈妈那么多的时间和精力，进而体会到多年来妈妈养育子女的不易，反思自己的言行，还有同学借此与父母进行了良好、深入的沟通。家长们反响热烈，纷纷在家长群表达了喜悦和感激之情。

（广州市黄埔区港湾中学　黄　晖）

Love you three thousand times

【活动简介】

5月12日是母亲节，提前让孩子写一些祝福的话给自己的妈妈，到了母亲节那一天送给妈妈。

【活动准备】

一些小花纸、卡纸、背景音乐。

【活动步骤】

（1）首先做一个铺垫，结合周一班会课主题"赞美他人，悦纳自己"，告诉他们：如果你的妈妈收到这个卡纸，会很开心。

（2）背景音乐《暖雨》营造氛围。

（3）发卡纸给学生，让他们静下心来慢慢写。

【活动效果】

学生刚考完试，内心有点躁动，但随着音乐的播放，他们就认真在写了。有的孩子还用卡纸做了花，画了图，设计了封面……很精致。后期会再让家长分享孩子是在怎样的情形下送祝福的，当时彼此的感受是什么。

（华南师范大学附属初级中学　朱晓敏）

The origin of mother's day

【活动简介】

学生查找母亲节的由来的资料，用英文总结一小段话，小组内表达交流，每组推选一名代表分享。请外教讲述自己和母亲的故事，以及自己对母亲这个角色的理解，激发学生感恩母亲的情感并向母亲送上祝福。

【活动准备】

母亲节的由来的英文资料，联系外教（可以是自己的朋友，可以是学校的外教老师），彩色卡纸、彩笔、相机、小蛋糕奖励、配乐。

【活动步骤】

（1）前一周的周末布置作业：查找母亲节的由来的资料，写成英文小短文。

（2）小组内互相交流、表达。

（3）推选一名代表在全班同学面前做分享。

（4）外教讲述与分享。

（5）学生写对母亲的祝福。

（6）自愿分享，奖励一个小蛋糕，评价学生是个懂事的孩子。

（7）全班一起录一小段视频，祝福全体妈妈。

（华南师范大学附属初级中学　莫利梅）

亲爱的妈妈，猜猜我有多爱您

【活动简介】

以绘本《猜猜我有多爱你》为切入点，以本月班级感恩系列活动为契机，开展"亲爱的妈妈，猜猜我有多爱您"母亲节主题班会，以看图片、听故事、表达爱等方式让学生感受妈妈的爱，培养学生的感恩意识。

【活动准备】

（1）收集有关母亲节的资料、表现母爱的文学作品。

（2）准备诗朗诵《游子吟》、歌曲《感恩的心》、故事《爱吃鱼头的母亲》等资料，制作PPT。

【活动步骤】

（1）说说母亲节的来历。

（2）通过故事、图片、视频感受母亲的爱。

（3）用自己的方式表达对母亲的爱。

吟：我把《游子吟》诵给妈妈听；

唱：我把《感恩的心》唱给妈妈听；

写：我把最甜的话作成小诗读给妈妈听；

绘：我把最美的画面展示给妈妈看。

【活动效果】

一年级孩子的想法虽然纯真、稚嫩，但通过母亲节的主题班会的引领，孩子们学会了在母亲节这一天如何表达对妈妈、外婆、奶奶和学校老师的爱并付诸行动。同时，孩子更深地懂得父母的付出与爱，进而把这种爱上升到对班级、对学校、对祖国的爱。

（广州市高新区第一小学　张桂芬）

流金六月　家国情怀

　　热情的六月，似火的青春，满腔的热情该如何抒发？古语云"修身齐家治国平天下"，作为社会主义未来的接班人，要成为心怀家国天下之人，需从身边的小事做起，从传承优秀的传统文化做起。

我为环保代言

【活动目的】

　　6月5日，世界环境日。借着节日契机，我组织班级同学开展了一次环保实践活动——我为环保代言。

【活动准备】

1. 选择服务地点

　　小建议：根据就近原则选择，如在学校旁边的小区进行。

2. 物品准备

　　（1）工具：清洁钳子、垃圾袋。

　　小建议：提前联系小区物管处，得到相应的援助。

　　（2）宣传册子。

　　小建议：联系小区内的居委会，领取垃圾分类的宣传册子。

　　（3）活动横幅。

【活动操作】

1. 召开家委会

（1）商量活动内容及准备。

（2）组织家长志愿者并进行分工。

分工表

序号	组别	工作内容	负责人	备注
1	准备组	制作活动横幅		
2		联系居委会或物管处借物品：清洁钳子、垃圾袋、宣传册子		
3	现场组	拍照		
4		活动前清点人数		
5		指导孩子进行分类		
6		活动后确认到家情况		
7	宣传组	在班级公众号或美篇上做宣传		

2. 召开班会课

（1）课前指导学生搜集环保相关知识。

（2）组织"我为环保代言"班会。

① 让学生提前在课堂上学习垃圾分类的意义及分类要求的相关知识，以便在指引和宣传垃圾分类时做到"心中有数"。

② 学生设计活动流程、任务及进行分区域分任务的岗位内容安排，让每人有事做、知道怎样做，到点到位参与活动。

3. "分头"行动

集中大合照后按照岗位安排，分别到垃圾回收站、楼道垃圾投放处及绿化带执行任务。

4. 布置"课后"作业

（1）根据活动感受及观察，以小组方式撰写小区环境保护倡议书或小区环境保护行动方案。

（2）记录当天活动的感想（几句话即可，也可以写成一篇文章），在班

级公众号推出。

5.家长志愿者"作业"

指导孩子为小区环境保护建言献策。

【活动效果】

本次活动非常有意义，在清洁小区的过程中，同学们体会到清洁工平日工作的劳累，以及保护环境的重要性；平时在课堂上讲了很多垃圾分类的知识，但是必须实践了才会内化于心，真正实践了才能把知识牢牢巩固。这次活动不仅对学生们有重要的教育意义，也带动了家长共同为环保出力，达到"小手拉大手"的效果。

（广州市增城区新塘镇天伦学校　赖苏银）

传承国粹，端午"潮"我看

【活动目的】

端午节有着悠久的历史和丰富的文化积淀，为了让学生更好地体验端午节的传统，提升对民族传统的了解，品味中医国粹及其背后的文化底蕴，丰富学生的校园生活，锻炼学生的动手能力，让学生感受到中草药校园的魅力，老师们带领学生制作端午香囊：剪裁、填香料、缝合、挂流苏、打结。

【活动准备】

（1）制作荣誉证书。

（2）分装中草药配方，准备班级香囊制作材料包。

【活动步骤】

（1）准备工作：针、线、剪刀、土布（裁剪两块大小相同，尺寸适中的正方形土布）、挂绳、填充物和艾草（也可放其他草药）。

（2）将两块土布重叠，缝合一边。

（3）缝合两块土布的另一边。

（4）缝合两块土布的第三边。

（5）缝合好的土布呈口袋状，将其翻面，缝合边藏于内部。

（6）在香囊内塞入填充物和艾草。将香囊边缘收口，缝合二分之一。在剩下的二分之一开口处塞入挂绳，完全缝合。

（7）班级组建评分小组，评选最美香囊。

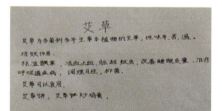

（珠海市梅华中学　曾培栖）

粽香四溢迎端午，深入调查知文化

【活动目的】

"五月五，端午到，吃粽子，带香包，蚊虫不来身边闹……"中国传统节日端午节历史悠久、文化意蕴深厚，利用此次节日开展活动，根植学生对传统文化的厚爱。

【活动过程】

（1）做一个小小调查员，深入市场了解包粽子需要的食材，提倡通过货比三家，了解食材的种类和价格，分析影响食材价格的因素，并记录到调查表中。

（2）观察家人包、煮粽子的过程，了解包、煮粽子的步骤、做法以及每一步需要的时长，并记录到调查表中。

（3）参与家庭包粽子活动，与家人一起包粽子，鼓励制作不同形状的粽子，并用相机记录过程，将自己的体验与感受记录到调查表中。

粽子制作调查表

	食材构成	种类	价格及影响因素
第一步：深入市场，实地调查制作粽子所需食材			
	步骤	所需工具	时长
第二步：观察家人包、煮粽子的过程			
第三步：动手包粽子，记录活动过程和感受			

（广州市花都区新雅街镜湖学校　杨晓婷）

火红七月　告别出发

从幼儿园到小学，从大学到硕士、博士，人生总是面临着告别与出发，而这一个个毕业典礼，就是串起记忆片段的线，贯穿了整个青春年华。只是，经历许多次毕业典礼，哪次毕业典礼你还记得呢？也许只有某个别具风格的毕业典礼，才会侥幸存在脑海中，在未来的岁月里记忆犹新。

GG34，我们一起来穿越！

【设计理念】

汉式毕业典礼，力求通过汉朝古制，让学生在庄严的仪式氛围中，懂得感恩父母、师长、母校和社会，同时增强对传统文化的认同感和自信心，提升对国家和社会的使命感与责任感。

【活动过程】

1.感念师恩

身着汉服，在铿锵汉乐声中，儒雅的少年，窈窕的淑女，行三拜礼，即拜父母、拜导师、拜母校。

汉式礼，怎少得青铜三脚杯！斟满！一个耳朵的三角杯，让老师们无所适从！抓哪儿？怎么喝？一点概念都没有！

2. 感恩父母

谢父母，这躬身对吗？

3. 感恩礼物

谢师，怎少得了个性书简！遵循因师而异，能古则古的原则！

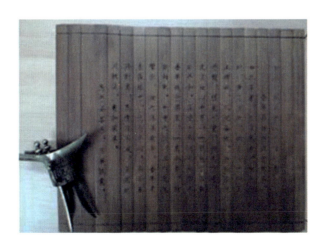

礼成！

穿越回现代，让我们最后一次坐在自己坐了三年的书桌前，品味初中三年的点滴！

【班主任毕业寄语】

一曰"吾生也有涯，而知也无涯"，二曰"非淡泊无以明志，非宁静无以致远"，三曰"正心以为本，修身以为基"，四曰"士不可不弘毅，任重而道远"。

（广州石化中学　朱穗清）

毕业季，送给彼此的礼物

【前言】

莫老师作为生物老师，班主任工作到初二就告一段落，很遗憾，不能陪他们走过最后这一年，但还是希望在他们心灵深处种下一些东西，让他们带着老师的期望走下去。为此，莫老师给班里上了最后一次主题班会课，主题是"不忘初心，逐梦前行"。这是莫老师送给学生的礼物。

在离校的那天，学生也给老师们准备了一个礼物，这是他们这两年对科任老师及班主任莫老师点滴付出的回馈。

【活动过程】

（1）每个科任老师到班，学生给老师献歌，语文老师感动落泪。

（2）学生给道德与法制老师的"祝愿墙"。

（3）学生悄悄布置教室。

（4）和班主任莫老师玩狼人杀。

（5）学生给班主任莫老师献上礼物。

（6）欢乐大合照。

【后记】

一句话、一张图、一段回忆、一段情，当一切有了仪式感，快乐、感动和幸福都会成为永恒。岁月更迭，时过境迁，归来亦是少年。

（华南师范大学附属初级中学　莫利梅）

给初三的你

——倒计时一周班会

【活动主题】

Fighting，笑迎中考。

【活动目的】

中考临近，最后一周需要更好地提高每个学生的自信心，消除恐惧和慌张，让每一个学生都能笑对中考，建立良好的考试心理。

【活动内容】

（1）让每个孩子利用周末时间拍一张笑脸。

（2）家长和孩子一起录一个加油的小视频。

（3）班主任准备156张1元的人民币，每个孩子获得特定的一个红包，里面有3张1元钱，寓意"三元及第"。

（4）周一班会课播放（1）和（2）中的笑脸和视频，现场发给每个孩子一个金榜题名的红包，祝福语由班主任亲笔书写，诚意满满。

（5）发给每个孩子一支状元红涂卡专用笔。

（6）齐唱班歌《明日歌》+《旗开得胜》。

（湛江二中港城中学　李培静）

中秋佳节　月圆人圆

优秀传统与新时代结合，爱家、爱党、爱国，所谓家国情怀，便是让学生树立民族自信、文化自信。中秋佳节，人月两团圆。

挥毫泼墨书丹心，张灯结彩做灯笼

【活动目的】

（1）提高学生的动手制作能力。

（2）趁着假期修身养性，练字写书法。

（3）感受中秋传统节日文化。

【活动准备】

中秋诗句收集、钢笔或毛笔、中秋灯笼制作卡纸。

【具体操作】

（1）学生在美术课上学习灯笼制作方法。

（2）挑选一首最喜欢的中秋古诗词，临摹后，工整写在制作灯笼的卡纸上。

（3）制作灯笼。

（4）与家人分享收集的中秋古诗词，挂灯笼，展示灯笼作品。

（5）回校评选优秀作品并进行展示，装饰班级。

（广州市黄埔区茅岗小学　赖丽洁）

传承传统文化，感受时代发展

【活动目的】

（1）增强亲人间的感情。

（2）深入了解中秋节的习俗。

（3）感受时代发展对传统节日的影响。

【活动准备】

（1）从三代人中各选一个或几个代表作为采访对象。

（2）纸、笔。

【具体操作】

（1）在中秋节亲人团聚时和家人聊聊各自儿时是怎么过中秋节的（如亲人不在身边，可以通过电话或网络联系）。让爷爷奶奶辈、爸爸妈妈辈讲讲他们儿时中秋节的习俗，如他们那一辈人中秋要做些什么、吃些什么、送些什么等，做好记录。

（2）将祖辈、父辈和自己这三代人的中秋节习俗进行整理和对比，从中找出相同点和不同点，思考三代人中秋节习俗不同点的背后原因，完成一份调查小报告。

中秋节习俗调查表

序号	采访对象	中秋节习俗		背景年代	原因分析（你还能想到哪些? 请补充在空格中）			
		相同处	不同处		家庭收入	常见交通工具	常用通信工具	...
1								
2								
3								
...								

（广州市第一一七中学　胡丽君）

花样灯谜，情系你我

【活动目的】

弘扬中华优秀传统文化，丰富班级同学的精神生活，让同学们感受节日的氛围与班级的温暖，特举行"中秋花样灯谜"活动。

【活动准备】

每个小组通过学习设计谜面的技巧，以小组成员名字为谜底设计相应灯谜，并将小组设计的谜语书写在纸条上；班级每个同学均亲手制作一份小礼物用于交换。

【活动内容】

（1）中秋节前的班会课上，组织开展猜灯谜活动。同学设计的谜面有"文景之治"，谜底是班级同学"刘家安"；"板桥边，伟人去，雨中走"，谜底是班级同学"林韦行"……由于初次设计，有的谜面并不严谨，但并不妨碍同学们的竞猜热情。

（2）猜中谜语的同学可以获得小礼物一份，或者猜中的同学与谜底所说的同学交换小礼物。

（广州石化中学　林洁霞）

浓情九月　勿忘师恩

秋九月，学期伊始，有一群人又活跃在大家的视线中，他们是别人口中的春蚕、蜡烛，是传说中的名捕、严师。在9月10日这个特殊的日子，孩子们用朴实而真挚的方式表达谢意，感恩相遇！

【活动目的】

通过活动让学生进一步认识教师工作的艰辛和崇高，从而激励学生更加尊敬老师、亲近老师，亲其师而信其道，从而激发学习的动力！

【活动准备】

（1）通过活动，展示人类无穷创作的思维能力。

（2）分组讨论，引导学生的发散性和创新性思维能力，提出准备教师节礼物的要求：根据学科或老师的特点个性化定制，自行设计与制作礼物，让每一位老师都有一个美好的节日回忆。

（3）可按任务类别进行小组分工或个人创作。

【活动步骤】

1.纸短情长：感念师恩——语言类

致物理老师：

如果说，我们是一道道光，是凸透镜使我们聚集在一班。如果说，我们是一束束纯白的阳光，那您就是那片三棱镜，让我们变得五彩缤纷。在这金秋九月，我们感恩您，祝您教师节快乐！

［广州市黄埔区天健学校初一（1）班　谢逸城，周凡皓］

致音乐老师：

您对我们的教导，犹如一个个跳动的音符！在谱曲上添上明亮的一笔。钢琴上黑白琴键的相交，仿佛是您的分身，精心教导着每一名同学，点燃我们心中的音律，唱出心中无限的潜能，音乐老师，谢谢您！

[广州石化中学初一（4）班　廖嘉怡]

致地理老师：

感恩您用地球仪在我们脑海里构出美妙的地球，感谢您用春分、秋分、夏至、冬至让我们认识四季，理不清的经纬线，在您的指引下清晰呈现，道不尽的感激，借今天写下心愿：我们永远都是您的小行星带，用最耀眼的光环来围绕您这最帅的太阳！

[广州石化中学初一（4）班　吴伟涛]

致地理老师：

经线、纬线，编织出我们的感情线！

经度、纬度，量不尽我们的师生情！

3班对您的爱不断升温，

赤道般炽热的心永远属于您！

无论我们走到世界哪个洲，

都忘不了您带我们走过的千山万水！

[广州石化中学初三（3）班　陆幸琳]

致数学老师：

两条互相交错的相交线，使我们相遇在3班，任何函数公式都无法计算出我们对您的爱！3班永远以您为圆心，希望我们永远在您的取值范围！

[广州石化中学初三（3）班　陆幸琳]

致化学老师：

　　地球是不规则球体，但我遇见了您；原本是两条互不相交的线，但我遇见了您。我与您发生的碰撞又名化学反应，再多的钠镁铝硅磷，全都不如您。我遇见您时，心在燃烧，请问这是物理变化还是化学变化？9月10日教师节，您的节。

〔华师初中初三（8）班　陈枞洣〕

致英语老师：

　　我们之间彼此"love"，我们之间就差"live"，希望我们永不"leave"，谢谢您的教导，使我"learn""lots of"。

〔华师初中初三（8）班　唐雨平〕

致班主任：

　　我们就像一个个优美的汉字，组成了词语，又串成了句子。一个又一个句子，就连成了我们五（1）班。我们又像一个个标点符号，逗号、句号、感叹号、省略号……各种各样，缺一不可。每一个符号，每天都在上演着不同的故事。谢谢您，张老师。是您，带着我们阅读，让我们在字里行间穿梭；是您，教我们写作，带着我们写出一篇篇优美的故事。

〔广州市黄埔区荔园小学五（1）班　林思彤〕

2. 诗情画意：祝福老师——手工画作类

[广州市黄埔区文冲小学三（4）班]

（广东广雅中学高三）

像是一颗启明星
汇成轻轻眨眼的星空
那些荆棘哭过痛过早已淹没
那些教诲耳边心间已被铭记
让我
有勇气踏上行程
有勇气伸出双手
去拥抱
未知的世界
灿烂的未来

——静愉

（广州市黄埔区天健学校）

3.改编歌曲，致敬老师——视频创作类

carnation

——致尊敬的老师们！

曲：周杰伦

词：广州石化中学GG·尚羿班

麻烦给我的老师来一枝carnation，

她热情、伟大、神圣以及真情，

代表着纯洁、甜美和尊重，

老师在我的眼里是神奇的。

我们来到了梦想起航的地方，

就是这诚、勤、朴、真的石化中学！

是春风化雨，是金石为开，

还有这教书育人诚勤的老师。

这爱不落幕，浇灌我们的成长，

你所在之处，学生都被征服，
老师的精心，错落着就像，
一盏盏心灯明亮地照耀我心房。

韧劲的康乃馨，像老师的艰辛，
石化的老师温柔又美丽，
带着同学们经历风风雨雨！
我想我这辈子一定是太过幸运，
来到了石化中学，与老师共同相约，
老师是指明灯指引着正确方向！

麻烦给我的老班来一枝carnation，
我喜欢与她在夜幕中同归家！
而我的拼搏，就更有力量，
这世界已经因为她甜得过头，
学习不落幕，恋恋不舍的课堂，
穿越五千年，行走七洲四洋，
诗文的魅力，几何的思维，
一抹抹色彩，汇成优美的乐曲，
学道法，厚植家国情怀，
感谢那万有引力将我拉向你！
生物的多灵，全力地奔跑，
一个个字母搭起世界的桥梁！

当铃声响起校园现生机，
这是世上最美丽的石化中学！

（广州石化中学朱穗清，广州市黄埔区文冲小学蔡淑妍，广州市黄埔区
天健学校孙彬、肖晶晶，广州广雅中学高三侯磊，广州市黄埔区荔园小学）

第三篇 节日活动
——寓教于乐得真知

红火十月　培植情怀

因为感恩，才会有温暖；因为感恩，才会有欢声笑语；因为感恩，才会有爱，才会有这个多彩的世界；因为感恩，才让我们懂得了生活的真谛……

在喜迎中秋、欢庆国庆的日子里，面对充满生机和活力、挑战和希望并存的伟大时代，我们班级里举办什么活动来庆祝呢？

"云游"祖国，笔绘深情

【活动目的】

特殊的一年、特殊的国庆里，学生通过互相分享、"云打卡"的形式领略祖国壮美山河、风土民情、地方文化等，再将最有触动的用笔绘下，镌刻深情。

【活动准备】

A3纸、画笔、地理知识、历史知识、诗词积累。

【具体操作】

（1）国庆出游期间，用日记的形式记录见闻；未出游的同学则采用互相分享、"云打卡"的形式获取信息。

（2）整合出游、"云游"景点信息，确定笔绘主题：山水画廊、人物画廊、历史长廊、民俗风物馆、风土民情系列、科技展馆、动感游乐园等。

（3）绘制"云游图"，镌刻深情，献礼国庆。将每个景点或人物绘在A3纸上，并配以一首相关的古诗词及历史资料卡，融入自己的见解。形式自由，但整个版面须成体系。

（广州市黄埔区天健学校　尹　琳）

我为祖国留个影

【活动目的】

（1）通过寻找广州的历史标志性建筑或景点来了解广州历史、地理和文化。

（2）从广州新老照片对比中，感受祖国的强大。

【活动准备】

一张中华人民共和国成立前广州历史标志性建筑或景点的老照片、相机或有拍摄功能的手机、打印机。

【具体操作】

（1）通过各种途径搜集一张中华人民共和国成立前广州历史标志性建筑或景点的老照片，并了解其历史、文化与地理位置。

（2）把此照片的主角定为国庆参观景点，并和家人或朋友一起设计参观该景点的流程与路线。

（3）和家人或朋友一起参观该景点，并选取一个合适的角度拍照。

（4）整理照片并填写《"我为祖国留个影"活动报告》，最后打印报告。

（广州石化中学　叶园园）

我与国旗同框

【活动目的】

为喜迎中华人民共和国71周年华诞，进一步培育和践行社会主义核心价值观，唱响爱党、爱国、爱家乡的主旋律，表达对伟大祖国的美好祝愿，展现学生的精神面貌，通过展示同国旗合影照片的形式，向国旗敬礼，向祖国致敬。

【活动准备】

印发活动要求。

【具体操作】

（1）紧扣主题要求，充分发挥创意，如背景为大国旗、手持小国旗，在任何有国旗的地方进行合影或录制短视频，记录下此刻的想法和想对祖国说的话，用最简单、最直观的方式向国庆献礼、向祖国致敬。作品中要求有学生本人出现，内容健康向上，风格独特，个性鲜明；富有时代感、创意感及红色感；少先队员佩戴红领巾，团员佩戴团徽。

（2）与团队的同学一起设计与国旗同框的造型。

（3）每张照片需附上照片背后简短的动人故事或祝福祖国母亲的话语（要求10～40字），深情告白伟大祖国。

（4）进行与国旗同框创意照片评比。

（广州石化中学　朱穗清）

践行绿色生活，弘扬爱国精神

【活动目的】

国庆长假期间，引导班级同学践行环保理念，坚持人与自然和谐共生，做自律先锋，弘扬爱国精神，为防疫常态化加油。

【活动准备】

班级同学5～6人分为一个小组，假期绿色生活卡。

【活动内容】

给每个小组发放假期绿色生活卡，卡上包含多个任务，小组可以自由选择任务，假期完成并打卡。

活动一：绿色微记录。用手机或者相机拍摄大自然的植物、动物，配上感想，发至个人朋友圈。

活动二：共植公益林。线上植树公益活动，通过积累步数收集能量的方式，引导小组成员绿色出行，践行人与自然和谐发展的生态观。组长在网络上发起合种一棵公益树的活动，邀请组内同学加入。

活动三：绿色出行，见圾而动。与家人外出游玩时，带上垃圾袋和垃圾钳，边游玩边捡烟头，所捡的烟头拼成"绿色出行，见圾而动"字样并拍照。

（广州石化中学　林洁霞）

我和我的祖国

【活动目的】

（1）了解祖国的繁荣富强，感受幸福生活。

（2）抒发热爱祖国的情感。

【活动准备】

（1）通过走访了解自己家乡近年来的变化。

（2）上网搜集了解20年前家乡的面貌。

【具体操作】

（1）利用国庆放假时间，在父母的陪同下，通过参观了解家乡的近况；拍照记录具有代表性的地方；记录自己感受深刻的事件及景点。

（2）上网了解家乡昔日面貌，走访上了年纪的人，了解当时人们的生活、住房、收入等情况。

（3）今昔对比，感受家乡变化，体会幸福美满的生活。

（4）用自己喜欢的方式表达自己的情感（或是绘画的形式，或是手抄报的形式，或是文字记录的形式）。

（5）分别以三个板块展示作品。全体同学进行投票，选出自己最喜欢的作品。

（6）根据学生的评价情况，评选出优秀作品，给予奖品鼓励。

（7）开一次主题班会，交流活动收获。

（广州市黄埔区荔园小学　张　媚）

因为有你，国富民安

【活动目的】

（1）发现身边平凡人物为国富民安所做的贡献。

（2）感受幸福生活，树立为祖国奉献的崇高理想。

【活动准备】

（1）采访了解身边平凡人物的抗疫故事。

（2）PPT、采访视频，笔，纸，采访笔录。

【具体操作】

（1）利用国庆放假时间，采访身边的人，了解平凡人物、平凡英雄的抗疫故事。

（2）说说自己家的抗疫故事。

（3）制作好PPT和视频，开一次主题班会，交流活动收获。

（广州市黄埔区港湾中学　黄　晖）

祖国美在我心中

【活动目的】

（1）了解人民生活的富足和国力的强盛。

（2）感受祖国之美，增强学生民族自豪感。

（3）激发学生对祖国的热爱之情，使学生学会担当，努力学习。

【活动准备】

（1）唱好国歌，会背《少年中国说》，会背社会主义核心价值观。

（2）了解学校国庆系列活动，听抗战亲历者后人讲抗战的故事。

【具体操作】

（1）以小组为单位，录制创意快闪视频；唱国歌，背《少年中国说》和社会主义核心价值观等。

（2）向国旗敬礼：放假期间寻找身边的国旗图案，戴上红领巾，向国旗敬上一个标准的少先队队礼，并请爸爸妈妈用相机拍下你和国旗的合影。

（3）我的足迹：将你领略到的"中国美"用照片的形式保留下来，记录你眼中最美的祖国，可以是人、景、事、物等。

（广州高新区第一小学　张桂芬）

"敬八百壮士，扬女排精神"爱国电影推介

【活动目的】

（1）以观影为契机弘扬爱国主义、英雄主义精神，铭记历史和缅怀英雄事迹。

（2）通过制作影片推介卡，培养学生归纳总结、动手及创新能力。

【活动准备】

（1）紧紧围绕"爱国"这一主题，搜索并初步筛选出爱国电影目录——《八佰》《夺冠》《我和我的祖国》《红海行动》等。

（2）学生利用假期时间走进影院或在家观看影片。

（3）了解电影所处时代的社会文化背景。

（4）了解制作推介卡的基本要求，准备好彩色卡纸、颜料和画笔。

【具体操作】

（1）观看电影后记录关键情节，了解英雄人物事迹，并确定推介电影。

（2）寻找电影亮点，并整理成文。

（3）做好推介表版面设计。

（广州市第八十六中学　李　蓉）

探究文化遗产，领略祖国魅力

【活动目的】

通过活动，让学生走近优秀的传统文化，了解身边的文化遗产，领略祖国的魅力。

【活动准备】

分组，分配任务，通过书籍和网络搜集文化遗产的相关资料，确定目标。

【具体操作】

（1）小组合作，寻找广州或是自己家乡的文化遗产，确定探究目标。

（2）实地考察，收集资料，如历史、故事传说、诗文、对联等。通过查阅书籍、访问老人、网络搜索等形式展开调研。

（3）小组撰写报告，内容翔实，描述出该文化遗产的独特魅力，做到图文并茂，语言富有诗情画意，有感染力。

（4）返校后班级举行分享交流会。

（广州市黄埔区天健学校　肖晶晶）

致敬英雄，心怀感恩

【活动目的】

（1）致敬最美逆行者，强化使命，学会担当。

（2）激发学生爱国热情，培养良好的爱国情操。

（3）常怀感恩之心，努力学习，报效祖国。

【活动准备】

（1）学生收集最美逆行者抗疫故事资料。

（2）教师准备"共和国勋章"获得者钟南山、"人民英雄"张定宇等抗疫榜样人物的发言视频。

【具体操作】

（1）学习榜样，重温以抗击疫情为主题的《开学第一课》。

（2）常怀感恩之心，学生、教师分享身边有关抗疫的故事。

（3）学生诗歌朗诵《中国阻击战》及表演其他节目。

（广州高新区第一小学　张桂芬）

将爱国进行到底

【活动目的】

七十年峥嵘岁月，我们感慨万千；七十年沧桑巨变，我们豪情万丈。有国才有家，有根才有叶。今年（2019年），恰逢中华人民共和国成立七十周年，为了让同学们深切感受祖国的变化，进一步培养爱国主义情怀，引导同学们了解过去，珍惜现在，创造未来，特举行向祖国献礼活动。

【活动要求】

1.内容多元

作品内容健康向上，风格独特，个性鲜明，富有时代感、创意感及红色感。

2.载体不限

实物、图片、文字、数据、短视频等。

3.分工明确

以小组为单位，分成4个小组，分别从不同角度向祖国70周年华诞献礼，表达一份深情。

【具体操作】

第一组

（1）活动简介：学唱红歌，背诵爱国诗歌，并在班会上展示，需要准备配乐及背景图片。

（2）活动准备：

①选择这项活动的小组，提前一周自行商量选定曲目和诗歌。

②练习相应的曲目和诗歌。

③准备相应的背景图片及配乐。

（3）活动步骤：

①爱国歌曲《打靶归来》演唱。

②爱国诗歌《长征》组诗朗诵。

（4）活动效果：

通过演唱和朗诵，表达对祖国母亲的祝福，忆峥嵘岁月，感受新生活的来之不易。这是第一个展示的小组，通过演唱和朗诵营造了很好的爱国氛围，激发了同学们的爱国之情。

第二组

（1）活动简介：

寻访祖辈（爷爷奶奶、外公外婆）13岁时的生活境况，寻访父辈（爸爸妈妈）13岁时的生活境况，写下我现在的生活境况。对我家三代13岁时的生活境况进行对比，形成可分享的报告（PPT或采访视频）。

（2）活动准备：

① 教师指导拟定采访提纲的撰写。

② 学生利用假期时间对祖辈及父辈的亲人进行采访。

③ 整理制作相应展示材料。

（3）活动步骤：

① 教师指导拟定采访提纲，建议学生从衣、食、住、行、学等方面进行比较，记录时要尊重客观事实，拍摄有意义的照片或视频。

② 班会上小组成员依次展示自己制作的PPT，向同学们认真地分享自己的寻访成果。

马浩天的采访——爸爸妈妈的13岁

　　爸爸妈妈13岁时，已经是80年代末了。随着改革开放、获取信息的渠道已经很多，已经有《半月谈》《故事会》和连环画等刊物看了。生活上温饱问题已基本解决。但物质生活还不算太富裕，不能想买什么就买什么。生活还比较拮据。

●我爸爸生活在苏北的一个小乡村，那里河流很多，一到下雨就成了真正的"水泥路"，又有水又有泥，他就励志要走出农村。他当时上学都是骑着破旧自行车去的，放了学回到家又有许多家务等着他。我爷爷会手工做了不少东西，所以我爸爸的玩具大多是我爷爷做的。

●我妈妈那时在夏天会和小伙伴一起到山上抓知了幼虫，然后放到盐罐子里腌着，过两天再拿出来做熟吃，就觉得很解馋了。我妈妈上学时都用一个小布袋装着书本，骑着自行车去学校。妈妈说她小时候的玩具都是自己做的，有用纸折的"元宝"、用碎布缝制的沙包、自制的陀螺……她一般放学后回到家要帮忙做许多家务，有时在炒菜时帮忙拉风箱，有时帮忙挑水，有时帮忙喂一些家畜……

肖禹铭的采访

这是我爷爷在70年代时开的自行车修理铺，爷爷是村里第一个拥有自行车的人。因为自行车在村里数量很少，所以爷爷居然成了自行车修理铺的老板。

这是我爷爷年轻时收藏的小人书，《水浒传》《三国演义》《西游记》……什么都有。书上有图片又有文字，可精彩了！

肖禹铭的采访——爷爷的13岁

这是我爷爷年轻时住的房子，还是一个"多功能"的房子。里面既可以住人，又可以饲养家禽，而且冬暖夏凉，我真的很佩服当时我国劳动人民的智慧。

这张图片上的是我爷爷当时的"豪华座驾——凤凰牌自行车"。听爷爷说，他的自行车当时还是全村第一辆呢，所以可珍贵了！

（4）活动效果：

带着好奇感深入了解祖国的发展过程，寻访祖辈、父辈的生活轨迹，从他们口中得知他们13岁时的生活境况，并结合学生自己13岁时的生活现状，切实认识祖国所走过的70年风雨历程，感受祖国越来越好！

第三组

（1）活动简介：

70年来，时代在变迁，衣食住行学，这些与我们息息相关的事却总是会被忽略。该组学生在本次活动中整理讲述祖国70年来的变迁。

（2）活动准备：

① 学生利用网络搜集表现祖国70年来变迁的图片、简介。

② 制作展示用的PPT。

（3）活动步骤：

① 本组学生分工合作，分别从几个角度进行资料收集，放眼整个中国的大变化，再整合成一个完整的PPT。

② 班会上小组成员依次展示自己负责的部分，向同学们认真地分享自己的成果。

（4）活动效果：

在中华人民共和国成立70周年华诞之际，感受中华人民共和国的发展变迁，从成立之初的一穷二白，到如今成为世界第二大经济体，人民的生活水平有显著提高，使学生们能够通过了解过去，珍惜现在。

第四组

（1）活动简介：

该组学生按20世纪40年代、50年代、60年代、70年代、80年代、90年代、21世纪初的时间顺序，关注祖国发展情况，选取最具有代表性的事件或事物，如中华人民共和国成立，"两弹一星"，中美建交，改革开放，香港、澳门回归，举办奥运会，等等。

（2）活动准备：

① 学生利用网络，按时间线收集祖国发展过程中最具有代表性的事件或事物。

② 整理制作相应展示材料。

（3）活动步骤：

① 学生按时间线分配任务，分工收集资料，并制作PPT。

② 班会上小组成员依次展示自己制作的PPT，向同学们认真地分享自己的成果。

（4）活动效果：

前面几个小组的分享是从自身的角度出发，从身边的小事来感受祖国的美好。而从这个小组的分享中，同学们更深切地感受到祖国是如何从弱变强，中国人是如何站起来的，从而激发民族自豪感，使学生树立为祖国争光的意识。

（广州市黄埔区天健学校 肖晶晶）

油油呵护，幸福健康

——"百善孝为先"精油DIY主题亲子活动

【活动目的】

俗话有云：百善孝为先。借着敬老节（重阳节）的到来，组织一场亲子的精油之"旅"，即为家中的长辈DIY一款充满爱意的疼痛膏、润唇膏，并且亲手为长辈涂抹疼痛处，为长辈送上关怀，送上秋天的幸福。

【活动准备】

（1）邀请香薰精油芳疗师及其团队并沟通活动细节。

（2）组织家委活动提前交流。

（3）材料准备、场地布置、安全应急预案、分组。

【活动操作】

（1）牵手传情——全体歌唱《谢谢你》，营造活动气氛。老师在学生手中滴下一滴具有宁神作用、传递爱意的"安定情绪精油"，学生按摩家长的手掌，感受家长的手因平时家务活操劳而变粗糙，传递回报之情。

（2）初知精油——芳疗师介绍精油疗法的历史。

（3）开始DIY——芳疗师示范疼痛膏、润唇膏制作方法，之后学生依据制作指南按步骤取油制作，边做边聊天。

（4）小惊喜showtime——学生蒙着双眼，由老师带到家长队伍中，找到自己的父母，确认后摘下眼罩，把卡片送上，并且拿起手机自拍下温情一刻。

（5）用刚做好的润唇膏帮父母涂抹上，亲吻父母。

（6）班主任致辞，鼓励将这份孝心传递下去，回家后将疼痛膏赠送给其他长辈，并亲手帮其涂抹患处，表达爱意。

【活动效果】

通过活动，进一步发扬孝道，也促使亲子之间的关系变得更融洽，实现了寓教育于活动、以活动促发展的目的，同时使学生从小感悟：孝顺，需要一代传一代。

（广州市黄埔区香雪小学　钟玉燕）

浓浓重阳情

【活动目的】

金秋十月爽，九九话重阳。为了进一步促进学生对中国传统节日重阳节的了解，使学生切实体会重阳节的意义，传承优良家风，弘扬中华民族爱老敬老的传统美德，懂得"孝敬长辈，尊老敬老"，养成热爱中国传统节日和尊老敬老的习惯，特开展了本次活动。

【活动准备】

课件、收集重阳节来历的资料以及中华民族尊老爱老传统的资料。

【具体操作】

1. 教室内实施

（1）教师利用PPT向学生介绍重阳节，引导学生学会感恩、尊老敬老。

重阳节，时间为每年的农历九月初九日，是中国民间的传统节日。

① 重阳节的来历。

② 中华民族尊老爱老的传统。重点介绍2006年5月20日，重阳节被国务院列入首批国家级非物质文化遗产名录。

（2）教师利用图片展示重阳节的习俗，请学生模拟体验。

重阳节习俗包括登高祈福、秋游赏菊、佩插茱萸、拜神祭祖、饮宴祈寿、晒秋、放纸鸢、吃重阳糕等，选择适合在教室模拟的项目请学生体验。鼓励同学们回家后在家长的陪伴下勇敢尝试。

（3）思考：自己可以为家中的长辈（老年人）做些什么事情？回家后付诸行动。

（4）请学生认真感受重阳节的习俗，把自己的感受写成小文章，进行展示、交流和评比。

2. 敬老院中实施

（1）在敬老院陪伴老人，与老人们一起聊天，聆听他们的故事。

（2）为老人们做力所能及的事情，帮助他们打扫房间卫生、整理床铺等。

（3）在活动中要关心、孝敬老人，弘扬中华民族爱老敬老的优秀传统美德。

（重庆市云阳县清水民族小学　汪星辛）

敬老，不只是在重阳

【活动目的】

重阳节在2013年成为我国首个法定的老年节，孝亲敬老、慎终追远更是我国传承千年的礼俗。本次活动旨在弘扬中华民族敬老、助老的传统美德，落实立德树人的根本任务，帮助学生形成受用终身的良好习惯和品德。

【活动准备】

（1）按照学生的兴趣爱好和意愿，把班级分成3个大组：信息搜集组、实地调查组和社会实践组。每个大组下可以设置若干个小组，把分工再细化成不同的方向。学生也可以根据自己的时间和能力，同时参加两个小组。

（2）介绍每个小组的具体任务和活动指引。

【具体操作】

1. 前期活动开展（为期1至2周）

（1）信息搜集组：通过阅读相关书籍、查找网络资源，以PPT形式进行汇报。参考方向如下。

① 搜集与重阳节相关的习俗、诗句，了解古时重阳节的内涵；

② 搜集伟人敬老的例子。

（2）实地调查组：通过采访身边的老年人，以照片（视频）、文字等方式形成调查报告。参考方向如下。

① 与家里的祖辈对话：了解他们过去艰苦奋斗的岁月和爸爸妈妈的成长经历，与自己现在的成长环境做对比，形成三代人的成长经历调查报告；

② 与村里或社区的老人聊天，了解他们背后的故事与现在的生活。

（3）社会实践组：通过参与志愿活动，探访敬老院、独居老人，并向他们提供力所能及的帮助，用照片或视频记录过程，并撰写活动心得。参考方向如下。

① 身体力行：我们可以为老人做的事情有哪些？

② 出谋划策：有哪些设施稍做改善就可以为他们的生活提供更多的便利？

③ 创意发明：为老人设计、制作一个生活用品。

2. 活动交流

各个小组在班会课上展示自己的成果，并分享在活动过程中的感受和收获，课后也可以在班级墙中持续展示相关的素材。

3. 活动后持续跟踪

传承传统美德，形成良好习惯。发动家长的力量，形成家校合力，鼓励孩子们用实际行动关爱身边老人和长辈，如递一杯水、陪伴聊天、做家务等；家长亦可以用手机拍下孩子孝亲敬老的温馨一刻，帮助孩子形成尊老、爱老、助老的良好品德。

（广东第二师范学院广州南站附属学校　叶燕清）

主题创意录

班级
管理

传统的班会是怎样的？班主任在讲台上滔滔不绝，学生们在讲台下昏昏欲睡，每周一次的班会，成了大家不得不完成的任务，师生皆苦。其实，班会可以很有意思，可以很有温度，也可以很有意义。用心准备一堂班会课，活动育人，班会育人，让这堂班会课成为学生们学习生涯中浓墨重彩的一笔，让这堂班会课更具教育意义。

第四篇

特色班会

——素质教育促成长

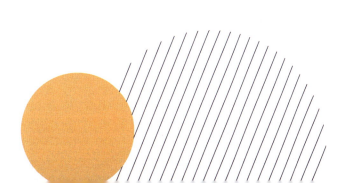

初始之日　皆为序章

新的一年我要怎样过？我有哪些小目标？新年开学第一周，老师们，你有没有想过新年第一节班会课应该怎么给学生上？

此时，一堂有温度、有仪式感、有幸福感的班会课，或许更具教育意义。

也许在不经意间，这堂班会课就会成为学生们浓墨重彩的一笔，就会成为学生们最难忘的一课。

新年第一课

许一个愿望

每个人心中都有美好的愿望，并且渴望实现，心愿对于孩童来说，是一份美好的希冀。引导学生写下自己的年度目标或年度愿望，在学生心中播下愿望的种子，并不断鼓励他为此努力，朝着梦想前进。

【许愿瓶】

方式一：送每个学生一个小小许愿瓶，让他们把新年的愿望写在小纸条上，放入瓶中，悬挂在班级的许愿墙上。

方式二：老师准备一个大瓶子，让学生把新年愿望写成小纸条卷起来放入瓶中，或折成幸运星形状，并写上名字，集体放入瓶子中。

【许愿树】

制作一棵许愿树，粘贴在班级墙上（尊重学生意愿，选择一个能保留一年的地方），每个学生剪出一个心形卡片，写上愿望，粘贴在许愿树上。

【许愿墙】

用卡纸剪出蝴蝶状的卡片，让学生写上愿望，然后将这些蝴蝶状的卡片钉成一个心形。

做一份计划

韩愈曾说："凡事预则立，不预则废。"有计划才有行动力。没有做好计划，遇事就会手忙脚乱，当事情都堆积在一起时，就会厌烦、倦怠。新年第一节班会课指导学生做一份科学的年度学习计划表，做一份解决问题计划表，循序渐进地完成，培养学生成为一个有规划、有条理的人。

【年度学习计划】

年度学习计划制订的逻辑是：回顾—分析—找愿景—明确目标—分解任务—制订计划。

指导步骤：

（1）对上一年学习情况进行回顾。

（2）进行自我分析，包括学习特点、学习现状等。

学习特点：记忆力、理解力、想象力等。

学习现状：成绩用"好、较好、中、较差、差"来评价，与过去对比用"进步大、有进步、照常、有退步、退步大"来评价。

（3）明确愿景，找到方向、绘制图像。

愿景有两个属性：方向性、画面感。指导学生按照自己的价值观，确定一下到这一年的年底，你要成为一个什么样的人，把自己的状态写下来。这一步，完成了方向性的确定。如果更希望这个愿景在这年年底的时候可以实现，就把未来的画面具体化，如："××××年，我背诵了N个单词""××××年，我阅读了《三国演义》"等。

（4）确定目标。学习目标要适当、明确、具体。

适当就是指目标不能定得过高或过低，要根据实际情况提出经过努力能够达到的目标。

明确就是指学习目标要便于对照和检查。例如："今后要努力学习，争取更大进步"这一目标就不明确，怎样努力呢？哪些方面要有进步？如果变为："数学课、语文课都要认真预习。数学成绩要在班级达到中上水平。"这样目标就明确了，以后是否达到就可以检查了。

具体就是把目标分解成任务。例如：

①学会楷体毛笔字100个；

②联系合适的书法老师；

③学习书法基础知识；

④每天练习一个字；

……

（5）安排重点任务。从已经分解好的任务中确定重点任务，就是本年度内必须完成的任务。

（6）合理安排时间。

（7）严格执行计划。设计计划执行情况统计表，放在醒目位置，每完成一项就打上记号"√"。

（8）检查效果，及时调整。是否完成了计划？如果没有，是哪里出了问题？找出原因进行调整。发现成功了，及时表扬，用成功激励继续执行计划。

【解决问题计划】

（1）列出学习、生活上所面临的问题，并为问题想一些可行性方法，简单地在一张纸上列出这些解决方案，或者制作一个类似思维导图的东西。例如，因为画画无法完成作业的解决方法：A.在午餐时或者休闲时完成一些作业，这样晚上需要做的就没有那么多了。B.让自己严格遵循时间表——吃晚饭，做功课，画画。

再如，提高数学的解决方案：A.课堂上认真听讲。B.问问老师——下课后找到老师。C.寻找一个可以帮忙解答数学题的同学。

（2）形成计划。挑选认为最有效的解决方案并写下计划，帮助计划变得可行，并把书面计划挂在经常能看到的地方。

（3）一个星期后，评估计划是否成功？是否完成了这一周规定的所有事情？如果没有，是哪里出了问题？找出原因做调整，下周更有效地执行计划。

（4）保持动力。

玩一个体验式游戏

【时间都去哪儿了】

很多孩子对于时间是没有太多概念的，或许到学期末会感慨时光易逝，但是当感慨之后，他们还是会撒欢儿地玩。通过活动，让学生知道时间是宝贵的，要惜时，讲究效率，让每一天都过得有意义，而不是肆意挥霍时光。

【游戏操作】

1. 游戏引入语

假如现在你个人的生命处于0到100岁，接下来我们来玩一个游戏。请准备一张长纸条，用笔将它分成10份，刚好每列一份，代表生命中的10年，分别写上10、20等，最左边空余部分写上"生"字，最右边空余部分写上"死"字。

2. 过程引导语

下面我给大家提几个问题，请大家按我提的要求去做。

第一个问题：请问你现在几岁？（把相应的部分从前面撕掉）过去的生命是再也回不来了！请撕彻底、撕干净！

第二个问题：请问你想活到几岁？（如果不想活到100岁的话就从后面把那部分撕掉）

第三个问题：请问你想几岁退休？（请把相应的退休以后的部分从后面撕下来，不用撕碎，放在桌子上）就剩这么长了，这是你可以用来工作的时间。

第四个问题：请问一天24小时你会如何分配？

一般人通常是睡觉8小时（有人还不止），占了1／3；吃饭、休息、聊天、摸鱼、看电视、游玩等又占了1／3；其实真正可以学习和工作的时间约8小时，只剩1／3。所以请将剩下来的折成三等份，并把2／3撕下来，放在桌子上。

第五个问题：比比看。请用左手拿起剩下的1／3，用右手把退休那一段和刚才撕下的2／3加在一起，并请思考一下，你要用左手的1／3学习、工作、支持自己另外2／3的吃喝玩乐及退休后的生活。

第六个问题：想一想你要赚多少钱、存多少钱才能养活自己上述的日子，这还不包括给父母、子女、配偶的哦！

第七个问题：请问你现在有何感想？

第八个问题：请问你会如何看待你的未来？

3. 结束语

时间就是生命，鲁迅先生说："浪费自己的时间等于慢性自杀，浪费别人的时间等于谋财害命。"你珍惜生命吗？你想在有生之年有所作为吗？生命是由分分秒秒的时间所组成的，时间管理的实质就是生命管理。因此，让我们都成为自己时间的主人吧！

120

写一封信传情达意

写信，是一种传递信息、表达情感的方式。可在眼下这个多媒体时代，传统的写信方式逐渐消逝，不妨拿起手中的笔，以好朋友的口吻给孩子们写一封新年祝福信。

用信件传达自己的心意，用话语表扬孩子一番，聊聊成长与进步；用信件谈谈新年的期待，给孩子更大的动力。

无论如何，新的一年，都记得告诉学生：历史长河奔腾不息，有风平浪静，也有波涛汹涌。我们不惧风雨，也不畏险阻。

让我们只争朝夕，不负韶华！

送一个祝福，定格一张照片

新年第一堂班会课，我们可以让学生互相送出新年祝福，说出内心最想对彼此说的话。鼓励学生大胆表达自己的情感，体验同伴间友好的情感。

操作方法：

（1）用卡纸剪裁出若干张心形卡片。

（2）让每个学生在卡片上写上祝福语。

（3）在音乐声中互相赠送卡片。

（4）在相互送祝福时，记录下学生们灿烂的微笑，记录这些属于每个人的新年模样。

引导语：生活需要仪式感，只有发自内心祝福别人的人，才会赢得更多人的尊重；只有认真对待生活的人，生活才会回你以温暖。

《小王子》里说：仪式感就是使某一天与其他日子不同，使某一个时刻与其他时刻不同。生活中的仪式感足以让每一个平凡的日子熠熠发光。

（广州石化中学　朱穗清）

送你一朵小红花

【活动目的】

2020年，病毒突袭！作为最特殊的记忆点，我们每一个人都被疫情影响，或多或少留下了遗憾。上半年由于上课方式的改变，部分学生养成的不良学习习惯直接影响了下半年的学习效果，让学生产生了挫败感，甚至产生放弃学习的念头。通过活动帮助学生认识自己，重建学生的自信。

【活动准备】

制作荣誉证书，准备牛年小卡片、小红花印章或贴纸。

【活动步骤】

（1）亲手书写荣誉证书。

（2）书写"2021，'属'我最牛"卡片。

（3）播放视频：《送你一朵小红花》。

歌声中，老师亲自在目标卡片和奖状上，签上名字和盖（贴）上一朵小红花，并引导学生珍惜人生中得到的每一朵小红花！

（广州石化中学　朱穗清）

我与未来有个约会

【活动目的】

引导学生树立远大理想，心系祖国，迈向未来，承担起国家富强、民族振兴的历史使命，勇于追求个人梦与中国梦的统一。

【活动准备】

卡纸、彩色笔。

【活动步骤】

1.绘制生命长河

学生用彩色笔在卡纸上绘制生命长河，每5年为一个节点，畅想5年后的自己，10年后的自己，15年后的自己将是怎样，并绘制图画。

2.绘制追梦蓝图

2020年是不平凡的一年，作为五年规划承上启下之年，2020年迎来了"十三五"（2016—2020年）规划的收官，也是谋划"十四五"规划的关键之年。学生用彩色笔在卡纸上描绘祖国的追梦蓝图，畅想5年后的祖国、10年后的祖国、15年后的祖国将是怎样，并绘制图画。

3.少年梦与中国梦相统一

对照绘制的生命长河图与祖国追梦蓝图，将自己的命运与祖国的命运紧密联系在一起，畅谈为实现中华民族的伟大复兴，自己将做出怎样的努力。与未来的自己约定，为实现中华民族伟大复兴的中国梦而不懈奋斗，贡献自己的一份力。

（广州石化中学　林洁霞）

冲破封锁，逐梦未来

【活动目的】

通过录取分数等数据让学生认识和了解中考这一现实挑战，找到自身的定位。通过游戏让学生认识到困难是可以被克服的。引导学生展望未来，在新的一年里，扬帆起航，逐梦未来！

【活动准备】

成绩单、便利贴。

【活动步骤】

1. 2021中考新挑战

2020年中考延期了，2021年中考改革了。面对新的中考政策，结合近几年黄埔区高中学校的录取分数线与自己本学期两次考试的成绩，找到定位，也找到自己面临的挑战。

2. 游戏：冲破封锁线

（1）操作步骤。

第一关：在教室中间设置一条障碍路，拉很多跳绳，同时放置水杯、书包等物品。请同学上来尝试不碰到任何障碍穿过障碍路，游戏过程还可根据情况随时增减障碍。难度一般。

第二关：同样的障碍路，在一名同学的帮助下蒙眼前行。难度中。

第三关：设置第二条障碍路，增加更多的障碍，同样蒙眼前行。难度难。

（2）引导语。

鼓励学生们尝试第一关：在明眼可见的情况下，挑战并不可怕，面对挑战，要勇敢地面对！面对挑战，不去尝试，又怎么能妄自菲薄呢？

鼓励学生和好友一起协助冲破第二关：蒙眼前行，难度增加，但是有同伴的支持和帮助！引导学生认识到，我们不是孤独的个体，不是一个人在面对困难，让学生认识我们周围的助力，学会利用来自学校、家人、朋友的力量去战胜困难。

在第三关开始前学生可以选择继续或放弃。引导学生认识，人生的前景如何，很多时候是自己做的选择。面对没有把握的挑战和困难，是放弃还是继续？引导学生肯定自己过去取得的成就，树立信心，积极面对内心的害怕和怯懦，鼓励学生积极、勇敢去面对和尝试。

（3）总结。

人生旅途就如刚刚走过的障碍路，总有崎岖和坎坷。面对困难和挑战，我们会茫然、会怯懦、会害怕，我们会想要放弃、会想要逃避，但是只有我们勇敢地走过去，努力地去拼搏，人生才会更加美丽！

【活动效果】

初三的孩子面临升学有焦虑，有苦恼，也有想放弃的不甘，想拼搏的怯懦。借助这个班会活动，让学生树立信心，建立信念，冲破防线。引导初三学生勇敢向前，展望新年，逐梦未来。

（广州市黄埔区港湾中学　陈华晴）

释放压力，放飞梦想

【活动目的】

随着期末考的临近，面对复习任务以及学习压力，学生情绪也难免会紧张，为了有效缓解学生考前的心理压力，调整学生的心理状态，增强学生考试的信心，引导学生以积极的心态对待考试，特举行本次活动。

【活动准备】

彩色A4纸。

【活动步骤】

1. 折飞机

给每个学生发放两张A4彩纸（一张深颜色，一张色彩艳丽）。

深颜色：写下自己这一年的伤心、遗憾、坏习惯等，并折成飞机。

要求：折出飞得远的纸飞机。

艳丽色：写下新一年的目标、愿望、期盼等，并折成飞机。

要求：折出空中停留时间长的纸飞机。

2. 放飞机

以小组为单位，进行掷飞机比赛。

深颜色：分组尽力掷出，按距离赋分和累计计算。

艳丽色：分组技术掷出，按空中停留时间累计计算。

（广州石化中学　朱穗清）

创意盲盒，别样新年

【活动目的】

以盲盒的形式赠送礼物是当下同学们很喜欢的，接受这份礼物的人会有更多的期待，同学们在设计和亲手制作盲盒时，会注入非常多的中国文化和自己的情感，制作完成后分享展示，引发师生的共鸣。2020年，受到疫情的影响，我们的生活发生了一些变化，在中国共产党的领导下，我们共同见证或参与了疫情下的无数个中国奇迹。回首2020年，有太多的感动和感谢，让我们在跨年之际，共同设计和制作盲盒，以迎接美好的2021年。

【活动准备】

（1）同学们家中的快递包装纸盒。尺寸不限，倡导回收利用，绿色环保。

示例图：

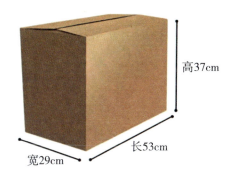

高37cm

长53cm

宽29cm

（2）彩笔、裁纸刀、胶带等（用于盲盒的外观设计）。

（3）个性DIY的小礼品（用于封存于盲盒之中）。

【活动步骤】

（1）设计并制作充满中国文化、粤府文化、校园文化、班级文化、家庭文化、小组文化、宿舍文化等元素的盲盒外包装。

（2）将自己提前准备好的小礼品保密地封存到盲盒之中。

（3）盲盒包装好后，在盲盒外贴上"盲盒说明书"和"2021新年感言"。

（4）全班举行盲盒礼品开封仪式（可根据班情，决定礼物的派发方式）、盲盒设计制作分享展示会。

（5）评奖：建议设置多维度的奖项，如最具文化奖、最具情怀奖、最佳设计奖、最佳手工奖、最具创意奖等。

（6）我们与盲盒大合影留念。

（广东广雅中学　侯　磊）

风雨兼程，相伴而行

【活动目的】

2020年注定是不平凡的一年，我们共同走过彷徨，经历过迷茫，面对过苦难，笑傲过困烦，迎接过低谷，成就过灿烂。如今走到了2020年的尾巴，让我们总结过去，展望未来，制定2021年的中考目标，乘风破浪，一路相伴追梦。

【活动准备】

PPT、音乐、视频、卡纸（学生课前设计好背景图案）。

【活动步骤】

1. 追忆生活点滴

播放师生活动集锦视频《2020，我们一起走过的日子》，学生自由谈论自己的感想。

2. 思考我的足迹

不平凡的一年即将逝去，过去的三百多天，我们的人生足迹在哪里呢？引导学生反观自身，思考"八个最"清单，伴着音乐，在纸上记录下来。

> 我最自豪的荣耀：
>
> 我最巨大的改变：
>
> 我最感动的事情：
>
> 我最珍贵的记忆：
>
> 我最遗憾的经历：
>
> 我最感激的人：
>
> 我最想做的事：
>
> 我最想说的话：

3. 许诺半年之约

播放视频《我的中考，我做主》。

引导语：半年之后，将迎来我们人生第一个重大的转折点，让我们定下中考目标，风雨兼程，相伴而行。

引导学生在卡纸上写下自己的理想学府，同伴之间互相祝福，互相鼓励，并将目标卡纸贴到教室的墙上，营造中考氛围。

我的名字：

理想学校：

我的誓言：

伙伴赠语：

【活动效果】

初三的学生面临着中考的挑战，借着辞旧迎新的契机，引导学生梳理过去一年的得与失，制定目标，重新出发，让孩子们感受到中考不是一个人的孤军作战，而是一群人风雨相伴，逐光而行。

（广州市黄埔区玉泉学校　邓学琼）

2021：以确定性锚定不确定性

【活动目的】

2020年，是充满不确定性的一年！病毒的突袭，让世界措手不及，也让我们处于各种不确定性中。面对这些不确定性，相信有很多值得我们回顾与思考的地方，为2021年蓄能，再出发！

【活动准备】

制作2020复盘表、SWOT分析表、2021规划表。

【活动步骤】

1. 复盘2020

（1）头脑风暴：2020年的关键词。

引导语：2020年，让我们认识了"明天和意外你永远不知道哪个会先来"！过去的一年，让我们在各种不确定性中度过！面对这些不确定性，国家和人民是以一种怎样的方式应对的？而自己又是以一种什么样的方式应对的？回顾这一年，或许大家脑海里会涌现很多的场景，现在请你们在纸上用关键词来形容自己的所见、所闻、所感。

思考与分享：

① 用一个词形容你的2020年，你会选择什么词？

② 你想知道同学会用一个什么关键词形容你这一年吗？

（2）书写自己：2020年的自己。

引导语：思考与分享。

第一部分：自豪的自己

① 2020年，最值得骄傲的事：＿＿＿＿＿＿＿＿＿＿＿＿

② 2020年，最坚强的一个行动：＿＿＿＿＿＿＿＿＿＿＿

③ 2020年，最让自己感动的一个自己：＿＿＿＿＿＿＿＿

④ 2020年，最让自己铭记的一个自己：＿＿＿＿＿＿＿＿

⑤ 2020年，最……

第二部分：遗憾的自己

① 2020年，你的年初目标实现了吗？为什么？

② 2020年，有什么遗憾？为什么？

2. 锚定2021

引导语：2020，开学时间延迟、再推迟，线下学习变成了线上学习……面对众多不确定性，怎样的方式才能让自己立于危机中，而不败于危机中？

① SWOT个人分析。

② 制定目标与行动计划。

（广州石化中学　朱穗清）

写给自己的一封信

【活动目的】

引导学生在新年伊始回顾过往，展望未来，感叹过去一年留下的遗憾，同时为自己加油鼓劲，定下前程目标，望来年充实而丰盈。

【活动准备】

（1）确定主题：给自己的一封信。

（2）准备资源：班会课PPT、背景音乐、统一信纸、视频剪辑。

【活动步骤】

（1）引导学生了解元旦的来历。元的本义是头，就是首位、开始的意思；旦是指太阳从地平线上升起。

（2）回首过去一年班级同学共同经历的点滴，忆酸甜苦辣，感岁月静好，总结遗憾与成就，展望接下来新的一年的共同目标（视频）。

（3）学生写下给自己的一封信，回首过往，展望未来，写下新年愿望和规划。（背景音乐）

【活动效果】

小学高年级的孩子思想已逐渐成熟，越来越有自己的想法与规划，借助这个班会活动，让学生慢下脚步审视自己过去一年的脚步，思考自己当下的任务与对未来的期盼，助力学生在2021年"'属'我最牛"！

（广州市黄埔区茅岗小学　赖丽洁）

回顾成长，眺望未来

【活动目的】

在辞旧迎新之际，引导学生回顾一年来取得的成绩，展望2021年，让学生更加明确自己的职责，并做出新年的规划与打算，同时通过全班同学互赠祝福、合作交流来增进同伴之间的友谊，增强班级的凝聚力，建设积极向上的班级文化。

【活动准备】

（1）准备视频，回顾与班中同学共同经历的点滴。

（2）准备"脚印"道具，布置"一步一脚印"的游戏。

（3）准备成长足迹卡及爱心小卡片。

【活动步骤】

（1）回顾点滴，总结得失，展望新一年的美好愿景。

引导语：2020年，是不平凡的一年，因受疫情的影响，我们一起在学校学习、生活的日子减少了，疫情期间的云交流，让我们更加珍惜彼此在一起的时光，每一点每一滴都是如此珍贵。在这一年里，我们收获了很多，但也留有不够完美的小遗憾，让我们一起回首过去，眺望更高、更远的未来。

（2）"一步一脚印，一心一前行"，昂首阔步向前走。

引导语：在即将过去的这一年，或许我们仍留有一些小遗憾，但新的一年即将到来，让我们用未来的脚步盈满心中的不完美，脚踏实地，大步向前，抬头仰望更美的星空。

（3）"印"下过往的足迹，"许"下新一年的愿望。

引导语：相信在过去的一年里，大家一定有很多难忘的瞬间，或幸福感动，或伤心难过……此刻，浮现在你脑海里的是什么呢？请把它写在你的成长足迹卡上吧！对新的一年你又有什么新的愿望呢？请把它写在你的爱心小卡片上吧！

（4）分享成长足迹，畅谈来年愿望。

（5）在班级愿望墙粘贴心形小卡片。

（广州市高新区第一小学　张桂芬）

感知时代脉搏

【活动目的】

通过收集2020年中国新闻人物或事件，让大家回顾哪些新闻最值得关注，哪些人物和事最让我们感动和自豪。借助这个活动，让学生们通过不同视角的新闻收集、思考、分享，学会收集素材，能够关注社会、关注时事，希望他们永远充满正能量，树立正确的偶像观，有理想，有目标，有爱国主义情怀！

【活动准备】

（1）准备视频《我和我的祖国》。

（2）给每人发数张卡纸，要求收集5到10个最值得关注的2020年中国新闻热点，并写下自己的感受。

活动记录表

新闻人物或事情	
具体内容	
个人感悟	

【活动步骤】

（1）播放视频：《我和我的祖国》。

引导语："我和我的祖国，一刻也不能分割，无论我走到哪里，都流出一首赞歌……"每当听到这首歌的时候，我都会一次次地感动，为祖国感到骄傲和自豪！2020年注定是不平凡的一年，请同学们一起来回顾一下这一年中国发生了哪些让我们感动和自豪的事情。

（2）新闻热点分享。

通过收集与分享，学生在听中学，在学中感悟。老师可根据学生的分享适当进行点拨与引导。

（3）2021年想对祖国和自己说的话。

引导语：2020年，刻着奋斗的激情，坚持的热情，离去的温情；在2021年即将到来之际，请同学们在便利贴上写下想要对祖国和自己说的话！

（4）让学生们把收集的新闻热点和便利贴贴在黑板报上，展示、分享。

（广州市黄埔区港湾中学　谢宝琴）

劳动启新程，节约添华章

【活动目的】

劳动是中华民族的传统美德，我们作为祖国的未来，更应该热爱劳动，珍惜劳动成果，杜绝浪费。只有亲自参加劳动，才能尊重劳动人民，才会懂得珍惜别人的劳动成果，才会懂得幸福的生活要靠劳动来创造。2020年即将结束，在踏入2021年之际，我们以"热爱劳动，厉行节约"为主题，开启新的篇章。

【活动准备】

（1）准备清洁剂、抹布、擦玻璃器等卫生工具。

（2）准备窗花、对联等迎新装饰。

【活动步骤】

1. 珍惜劳动成果，杜绝浪费

2020年，因为疫情，很多国家出现了疯抢粮食的现象，在学生中午吃饭之前播放《为什么从小妈妈就教我们"吃干净，别浪费"》，让孩子们知道一粥一饭当思来之不易，厉行节约，反对浪费。光盘行动，从你我做起，今天不剩饭。午饭后，检查每一个孩子是否都能做到光盘。

2. 劳动启新程，我能行

"人有两件宝，双手和大脑，…… 一切创造靠劳动，劳动要靠手和脑。"这是我国著名教育家陶行知对劳动的生动解说。2020年已接近尾声，2021年即将来临！踏入新的一年前，我们卷起袖子，一起来大扫除，创造更好的生活和学习环境。把这一年的不好的东西扫除，让我们的教室焕然一新，让同学们能以崭新的面貌享受崭新的环境，迎接崭新的一年，开启新的征程。大扫除结束后，大家动手贴上窗花、对联等迎新装饰，迎接新的一年。

3. 热爱劳动，厉行节约

我们承诺：从身边的小事做起，自己能做的事情尽量自己去做，不要让大人包办；可以帮助家里人做一些力所能及的家务活；认真做好学校的值日；做到珍惜食物，不浪费粮食；节约用水，及时关闭水龙头，出门随手关掉电灯、电风扇，避免不必要的资源浪费；杜绝攀比心理，不铺张浪费；努力养成热爱劳动、勤俭节约的习惯。让每一个同学在倡议书签名，签好后粘贴在教室墙上，勉励同学们！

倡议书

家务劳动学自理

校园劳动练技能

社区服务讲奉献

争做"劳动小达人"

做好"光盘行动"的践行者

（广州市黄埔区玉鸣小学　陈玉琴）

第四篇　特色班会
——素质教育促成长

浓情春节，细品文化

——春节主题班会

【活动目的】

营造喜庆、祥和、团圆、美好的节日氛围，让学生了解春节的来历与传统习俗，深切感受春节背后的中华民俗文化魅力，加强爱国、爱乡、爱家的思想教育和亲情教育。利用春节这一具有深厚文化底蕴的传统节日，使学生在欢度传统节日中认知传统、尊重传统、继承传统、弘扬传统，增进了团圆、美满、和谐、富裕和安康的美好情感。

【活动准备】

课件、收集年的由来、准备不同地区过年用品道具。

【具体操作】

1.结合当年生肖（如牛）介绍"年"的由来

（1）请学生讲述"年"的由来。

（2）介绍"牛"在十二生肖中排第几，介绍其他的生肖还有哪些，请学生在白板上对生肖和介绍进行连线。

（3）用接龙的方式说出与"牛"相关的成语。

2.了解不同地区过年的习俗

中国的年俗文化源远流长，全国各地衍生出纷繁多样的过年习俗，南北迥异，各具特色。

（1）抢答过年习俗有哪些，介绍过年的一般习俗。

大年初一的习俗有放开门炮仗、拜年、占岁、聚财等。大年初一这天不能动用扫帚，否则会扫走运气、破财。主要介绍拜年、长辈给晚辈压岁钱、放爆竹、吃饺子、吃汤圆等习俗。

（2）请学生利用准备好的道具，现场展示不同地区或不同民族的过年习俗。

例如，藏族：人们在除夕这天，穿上艳丽的服装，戴上奇形怪状的面具，在海螺、大鼓、唢呐等乐器伴奏下，高歌狂舞，以示去旧迎新，祛邪降福。到了新年早晨，妇女们便去背"吉祥水"，预祝新的一年吉祥如意。土家族：土家族人吃年夜饭时要关着门，不让外人进来。半夜子时以后开始吃，吃到天亮，预示来年越来越兴旺。

（3）请同学们分享自己家乡的饮食文化、过年风俗，在增添热闹和喜庆气氛的同时，让大家感受到不同地方文化的魅力。例如，宁波新年祭祖后要吃豆粥，晚上在关门前点一次"关门炮"；绍兴新年以"碗茶"待客，里面还要加上橄榄和金橘，同时用茶叶蛋待客，称为"捧元宝"。

3. 春节安全常识

（1）饮食安全：要细嚼慢咽，不要暴饮暴食，要少吃油腻的食品，应多吃些蔬菜和适量的粮食。

（2）防诈骗：防范猜铅笔、猜扑克、易拉罐中奖、假币、短信中奖等各种骗局。

（3）防拐骗：不参与路边的围观，避免到人流非常密集的地方，不接受陌生人赠送的物品，也不跟陌生人走。

（4）正确燃放烟花爆竹：遵守燃放烟花爆竹的有关规定，在可燃放区域，小学生要在大人的严格监管下在室外燃放。倡导现代社会节能环保理念，从"少买一串鞭炮、少放一枚礼炮"做起，积极营造文明、安全、宜居环境，大力提倡文明、低碳、绿色、环保的生活方式，降低安全事故发生概率，减轻空气污染，共同呵护我们的绿色家园，守护蓝天、保护环境。

（重庆市云阳县清水民族小学　汪星辛）

寻找最美笑脸，汲取前行力量

【活动目的】

2020年是不平凡的一年，这一年我们经历了无数磨难与考验。而在这一年，最治愈的表情莫过于微笑。通过寻找2020年的最美笑脸，引导学生心怀感恩之心，汲取前行的力量。

【活动准备】

小组同学自主收集资料并打印（冲洗）照片。

【活动步骤】

1. 寻找最美笑脸

每组同学搜集一张最让自己动容的笑脸，通过彩色打印或者冲洗得到照片。

2. 为笑容命名

为小组寻找的最美笑脸命名，并撰写文案推介。

3. 班级展示

小组轮流上台展示、推介寻找的笑脸，讲出笑脸背后的故事。

4. 小组分享

学生分享感受，谈谈从每张治愈人心的笑脸中所汲取的前行的力量。

（广州石化中学　林洁霞）

红色基因　赓续百年

一叶红船，静静停泊在浙江嘉兴南湖。谁能想到，一个伟大政党就是从这里起航，穿越重重关山，奋进漫漫征途，书写了改天换地的壮丽史诗。这一切始于1921年7月那个开天辟地的伟大时刻，源于中国共产党人矢志不渝的初心和使命。要让孩子们知道，让孩子们感受到，让孩子们体验到，红色故事、红色精神、红色信仰。

团队亲子徒步重走红色道路

【活动目的】

利用学校周边红色资源进行亲子探究，在感悟先烈的信念和精神，赓续红色血脉，汲取前行力量的过程中，增进亲子关系，促进各家庭间的交流。

【活动对象】

团队亲子游或有意愿参与的家庭（建议父母一起参与）。

【活动准备】

（1）家长志愿者提前探路。

（2）家委会进行活动可行性讨论。

【具体操作】

1. 选择周边适合徒步的红色地标

例如：位于广州市黄埔区的油麻山是广东人民抗日游击队东江纵队浴血

杀敌，支持华南地区抗日战争的战场之一。在黄埔区政府的开发下，油麻山上形成一条比较成熟的徒步线路。

2. 亲子查找资料，共同设计问题

（1）家长与学生一起上网搜索东江纵队相关历史资料及在黄埔抗战的资料。

（2）家长与学生共同设计出本组的探究问题。

问题1：东江纵队是一支什么样的队伍？队伍成立的背景是什么？他们的战场环境是怎样的？

问题2：东江纵队对抗战的成功起到了什么作用？

问题3：东江纵队的什么精神值得我们传承？如何传承？

问题4：东江纵队有什么感人的事迹？

问题5：东江纵队的革命精神对中国发展有什么作用？

……

3. 团队亲子重走东江纵队抗战路

（1）团队搜集资料，设计徒步线路。

要求每个团队根据选择探访研究的东江纵队战场，设计一条徒步线路，终点是该地的烈士纪念碑。

亲子游路线参考：华峰寺—油麻山防空洞—油麻山烈士纪念碑。

徒步时长：5小时。

（2）活动装备预设与准备。

登山鞋／徒步鞋／防滑运动鞋、食物、照明工具等。

（3）缅怀先烈。

团队在烈士纪念碑前缅怀先烈，了解长眠于此的战士的英勇事迹。

（4）亲子徒步感受分享会。

每个团队邀请一名家长和一个孩子，根据团队拟定的探究问题在分享会上进行发言，并分享活动准备、活动过程及活动后感受等。

（广州石化中学　朱穗清）

骑行打卡红色景点，回顾党的光辉历史

【活动主题】

探寻广州的红色景点，并拍照留念；回顾党的光辉历史。

【活动目的】

（1）2021年正值党的百年华诞，利用暑假去探寻广州的红色景点，并以骑行的方式游览，既能强身健体，也能学习党史。

（2）邀约同学组队，可以增进同学间的友谊。

【具体操作】

（1）全班同学自行分组（6人一组），抽签选择红色景点。

（2）小组成员提前搜集相关景点的革命先辈的事迹。

（3）全班分批前往7个广州红色景点：广州农民运动讲习所旧址、广州起义烈士陵园、中华全国总工会旧址、黄花岗七十二烈士墓园、广州市中山纪念堂、孙中山大元帅府纪念馆、黄埔军校旧址纪念馆。

（4）骑行参观景点并拍照，根据提前了解的革命先辈的事迹，实地探访，感受党的奋斗历程。

（5）各小组回家用美篇记录当天的红色景点骑行打卡活动，包括照片、景点红色故事和每个组员的打卡感想，随后分享至班级群。

（广州石化中学　朱小彤）

第四篇　特色班会

——素质教育促成长

迎重阳忆党史，感党恩传孝悌

【活动目的】

"百善孝为先"！"孝"是我们中华民族的传统美德，作为炎黄子孙，自然应当继承传统、弘扬传统。为进一步营造敬老、亲老、爱老、助老的社会风气，引导少年儿童学会感恩，树立良好的家庭美德观念，增强少年儿童的社会责任感，我校特在重阳节之际，针对我校全体学生，开展以"迎重阳，传孝悌"为主题的感恩活动。

【活动准备】

剪刀、胶水、彩纸、鲜花等去探望老人所需的物品。

【具体操作】

（1）"忆党史，感党恩"实践主题活动，退休老兵讲红色故事；互动问答，党史知识小竞赛；重阳DIY比赛——赏菊登高贴画。

（2）以中队为单位，结合活动主题，开展主题班会活动，组织学生了解重阳节的起源和重阳节为何也叫"老人节"。

（3）组织六年级开展"重阳，为孤寡老人献爱心"活动，慰问老人，为他们送去温馨的问候和真诚的祝福，使全体师生感受到为他人服务的快乐和满足。

（4）一项实践活动：我为家里老人或爸爸妈妈做一件力所能及的事，享美好时光，并拍照上传。

（连州市连州镇城北小学　邓献婵）

走进军营，感受军魂

【活动背景】

习近平总书记多次强调，要不忘初心、牢记使命，把红色资源利用好、红色传统发扬好、红色基因传承好，让革命事业薪火相传、血脉永续。利用假期，带领学生走进军营，感受人民军队的威武、雄壮，是践行社会主义核心价值观，培育新的民族精神的现实需要。

【活动目的】

（1）汲取红色文化的力量，引导学生成为有信仰、有追求的阳光少年。

（2）磨砺意志，塑造坚毅勇敢、积极乐观的品质，培养严明的组织纪律性和集体主义精神。

第四篇　特色班会
——素质教育促成长

【活动对象】

班级全体同学、家长（含现役军人）。

【活动准备】

（1）发挥学校和班级的优势，提前联系好南部战区的警卫营。

（2）现役家长穿好军装，学生穿好迷彩服。

【活动过程】

1. 看一看

父母和孩子共同观看军营升旗仪式，感受军营升旗仪式的庄严、肃穆。一起参观连史馆，感受军人舍生忘死的英雄气概。

2. 训一训

由部队战士对家长、孩子进行军训。家长与孩子一起站军姿，进行队列训练。

3. 学一学

家长、孩子一起学习叠被子，感受部队生活的严谨有序。

4. 吃一吃

一起在部队食堂吃早餐，感受战士生活的朴实。

5. 交流分享

分享活动感受和体会。孩子可以说一说，军人身上具有哪些值得自己学习的优良品质；家长可以说一说，陪孩子军训的收获和感受。

（广州市八一实验学校　周　敏）

亲子活动　助力"双减"

"双减"，不减责任！"双减"，不减质量！"双减"，不减成长！"双减"考验的不仅是老师，更是考验家长的责任担当！面对"双减"，孩子的周末可以做什么？孩子可以减什么？

老城印象，遇见旧时光

【活动主题】

英德市城南是英德的老城区，曾是英德的经济、政治、文化中心，是我市文明繁荣的起点，也曾是全市人民向往创业、居住的福地。让我们一起走进城南，追寻古迹。

【活动对象】

亲子家庭。

【活动目的】

（1）走进城南，触摸历史，增进亲子交流。

（2）通过参观城南，了解城南历史和丰富多彩的文化，激发学习和探索的热情。

【活动准备】

（1）提前策划，做好参观线路图，让参观更有时效性。

（2）提前搜索英德市城南相关资料，让参观更有针对性。

【操作步骤】

1. 寻找城南

（1）让孩子通过地图知道城南的具体位置，与家长商量决定出发时间与出行方式。

（2）孩子跟父母一起在网上搜索资料大致了解城南的历史，参观时会更有针对性。

2. 走进城南

（1）第一站：城南印象。

这里是昔日繁华的购物一条街，每一条老巷都有一个属于它自己的名字。

（2）第二站：何公桥。

何公桥因与北宋大家苏东坡的一段不解之缘而得名。北宋元符三年（1100），时任英州郡守的何智甫（建安人，有人写作何智茂，具体任职时间无考）重路桥建设，体恤民情，带领群众修建石桥，解决了周围百姓"过桥难"问题。1985年，该桥被确定为英德市（县）级文物保护单位。

（3）第三站：学前围。

城南是英德的老城，而这里最古老的建筑就是学前围和何公桥。走在古老的城南街上，孩子们对学前围充满了好奇。我们引导好奇的孩子们通过围屋屋顶的壁画、四方天井、传统对联等来了解学前围的历史。

3. 描绘城南

孩子们通过充满想象的画笔，将城南社区独特的人文风情绘成了各具特色的美术作品。通过"手绘城南印象"活动，激发孩子们用发现的眼睛去观察身边的美，用灵动的画笔记录身边的美，用美好的心灵去感受社区的美。

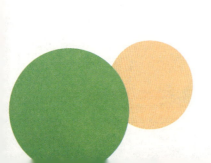

4.分享故事

参观活动结束后，让学生将所了解到的古建筑故事根据自己的理解重新讲述出来，使孩子们的表达能力得到了锻炼。

后记：

寻一座城，踏着青青的石板，感受历史的韵味；摸摸斑驳的墙壁，触摸旧日的时光；听听街坊的声音，重温动人的故事……

一座老城，养育了一代又一代淳朴勤劳的英德人，愿我们的记忆里永远存着她。

（英德市第七小学　杨　洁）

"双减"遇红茶，茶香润心田

【活动背景】

中共中央办公厅、国务院办公厅印发《关于进一步减轻义务教育阶段学生作业负担和校外培训负担的意见》，旨在有效减轻义务教育阶段学生过重的作业负担，增加正常的锻炼、休息和娱乐时间。

英德素有"红茶之乡"的美誉，有着浓厚的历史文化底蕴。通过采茶、制茶、品茶等活动让学生了解家乡的红茶文化，激发学生热爱家乡的情感。

【活动目的】

（1）了解英德红茶历史，激发学生热爱家乡的情感。

（2）熟悉采茶标准、制茶工序，体验采茶、制茶，体验劳动乐趣，增进亲子关系。

（3）观看茶艺、茶礼，感受茶文化之独特美。

（4）茶知识互动，茶文化入心中。

【活动对象】

以家庭为单位，各年龄层皆可。可以是几个家庭，也可以是单个家庭。

【活动准备】

（1）家委会在班级群发布通知，有意愿的家庭报名参加。

（2）家委会联系茶厂，并提前去考察。

【活动过程】

1. 赏美景，采茶乐

英德茶趣园茶厂，群山环绕，景色宜人，学生在大自然中体验采茶，按照"一芽三叶"的标准采摘茶叶，既亲近自然，又体验到劳动的乐趣。

2. 品文化，制茶香

参观制茶车间，了解制茶的工序。

红茶制作顺序：鲜叶—萎凋—揉捻—发酵—干燥。

3. 观茶艺，品茶美

观看茶艺表演，静养身心，暂别都市繁华的尘嚣，感受英德茶文化的独特魅力。

4. 茶互动，知茶识

准备英德红茶小常识，以提问的方式开展活动，使茶文化再次深入学生心中，陶冶情操。

（1）英德种茶最早可追溯到什么时候？

（2）英德现代茶业始于哪一年？试种的是哪种树种？

（3）英德红茶的特点是什么？

（4）英德红茶的精品是什么？

（5）英红九号的采摘标准是什么?

5. 分享会，茶香远

回家后学生完成分享成果，分享成果可以多样化：图片配文、参观日记、录制视频……

回校后学生在班级分享，在提升学生表达能力的同时，进一步加深学生对茶文化的热爱。

（英德市第七小学　廖蓉蓉）

亲子挖莲藕，劳动最光荣

【活动背景】

为贯彻落实习近平新时代中国特色社会主义思想和党的十九大精神，引导广大学生树立热爱劳动思想，养成热爱劳动习惯，培养吃苦耐劳、艰苦奋斗的精神，同时，丰富"双减"政策后孩子的周末生活，让孩子们亲近自然，亲身体验挖莲藕，体验劳动的乐趣和丰收的喜悦。

【活动目的】

（1）体验农事，融入自然，感知劳动乐趣，增近亲子感情。

（2）学会与他人合作劳动，体会劳动最光荣的情感。

【活动对象】

以家庭为单位，各年龄层皆可。可以是几个家庭，也可以是单个家庭。

【具体操作】

1. 向快乐出发

金秋九月，到了收获的季节。我们准备好草帽、遮阳伞，以及挖莲藕的工具，有说有笑地奔向莲藕田。

2. 合作挖莲藕

孩子们在莲藕田里挥洒着幸福的汗水。为了提高挖藕效率，他们开始分工合作，有的挖土，有的用手刨土找藕，还有的收拾残枝败叶……很快，一大片莲藕就被挖完了。

3. 快乐泼水节

一下午的劳作后，孩子们可谓又脏又累，我们决定来个欢乐的泼水节！你泼我一勺，我还你一桶，孩子们玩得不亦乐乎，刚才的劳累已经全无，整个村子回荡着他们的欢声笑语。

4. 莲藕创意图

洗干净莲藕，找一块空地，我们把孩子们分成三个小组，让孩子们分别摆出最有创意的图案。一开始孩子们摆出的都是最简单的长方形、三角形，但他们越玩越有兴致，越比越有意思。

比比看，哪个小组最有创意？

5. 熬制莲藕汤

劳动最光荣，一点一滴的汗水才能浇灌出幸福之花。因为幸福是自己用双手创造出来的，我们一起品尝这来之不易的甘甜吧！

（英德市第七小学　廖蓉蓉）

家庭小竞技，舒适好心情

【活动对象】

3～4个家庭（建议父母一起参与）。

【活动目的】

疫情期间，不少家庭的亲子关系变得紧张，通过竞技比拼的家庭小游戏，改善亲子关系。

【具体操作】

1. 地点选择

建议选择一个公园或小区比较空旷、不会影响他人休息的地方。

2. 物品准备

绑腿带、呼啦圈、眼罩、雪糕（带勺子的）、奖品（根据孩子年龄自定）。

3. 游戏过程

以下三个竞技类游戏需要几个家庭一起参与比赛，活动过程中要引导孩子思考怎么才能"合作共赢"。

第一个游戏：与你同行

这个游戏就是"二人三足"或"三人四足"：用绑腿带扎住脚，然后一起向前走20米，看哪个家庭先到达终点。

如果孩子年龄较小，如幼儿园或小学低年级的，可以考虑改为父母分别提着孩子的一只手向前走；也可以考虑父母双手搭架子，抬着孩子向前走。

冠军家庭有小礼品一份。

第二个游戏：鱼跃龙门

一家三口手拉着手围成一圈，在其中一个人的手上挂一个呼啦圈，在手不松开的前提下，让呼啦圈越过每一个人。先顺时针转3圈，再逆时针转3圈，看哪个家庭用时最少。

冠军家庭有小礼品一份。

第三个游戏：我为你，你为我

用眼罩蒙住妈妈和小孩的双眼，小孩拿着雪糕和勺子，由爸爸带着"远离"妈妈10米，然后爸爸充当指挥官，用拍掌的方式指挥小孩向妈妈走过去，然后喂妈妈吃三勺雪糕，接着把雪糕交给妈妈，由妈妈喂小孩吃三勺雪糕。全过程，包括喂雪糕的时候，除了爸爸的掌声外，任何人都不能说话，不能发出任何声音，看哪个家庭完成任务用时最少。

冠军家庭有小礼品一份。

（广州开发区外国语学校　张伟智）

亲子共同剥玉米

【活动主题】

亲子共同剥玉米。

【活动目标】

（1）了解玉米的外形特征，知道剥玉米的形式和作用。

（2）感受劳动的快乐，培养学生的生活动手能力。

（3）能与家长合作劳动，并促进学生对家长辛勤劳动的理解。

【物品准备】

一大箩筐的老玉米、两副手套、数量记录表。

【具体操作】

方式一：亲子之间进行数量竞赛

（1）设定好比赛时间，如10分钟。

（2）准备好几个不同的箩筐，分别用来收集自己所剥好的玉米棒和玉米粒。

（3）与爸爸妈妈比赛，看谁在10分钟之内剥的玉米棒更多。

方式二：探究玉米的具体用途

（1）学生自主思考可以得出：嫩玉米可以煮着吃，老玉米可以做爆米

第四篇　特色班会
——素质教育促成长

花，还可以加工成膨化食品，玉米粒磨成玉米粉，可以做玉米饭、玉米粥吃，甜玉米可以炒菜吃，玉米粉还可以当饲料喂猪、喂鸡。

（2）与家长一起看玉米的生长过程资料。

【活动总结】

活动结束后，学生对这次活动进行心得反思，能够更好地体会家长的辛苦，学会珍惜劳动成果。

（连州市九陂中心学校　李华取）

亲子共同游园

【活动目的】

（1）让孩子身临其境地感受岭南文化，促进孩子对当地历史文化的了解，提高孩子对当地优秀历史文化的认同感。

（2）增进亲子感情，促进孩子心理健康发展。

【活动准备】

（1）家长提前进行考察，与场务进行沟通。

（2）提前规划好活动路线，增强活动的可行性。

【活动过程】

（1）选择当地最具有文化代表性的活动地点。

连州刘禹锡纪念馆不仅是纪念诗豪刘禹锡的展馆，也是了解连州历史文化的窗口。纪念馆坐落于连州中学，是开发成熟的景区，有完整的游览路线。

（2）亲子共同探究，带着问题感受岭南文化。

（3）亲子一起上网查阅刘禹锡在连州时留下的政绩以及对连州当地文化带来的影响。

（4）在家长的引导下进行问题探究。

问题一：刘禹锡是什么时期的历史人物？是什么机缘巧合让他来到了当

时的"蛮荒之地"——连州？

问题二：刘禹锡来到连州上任后，对连州的教育文化起到了什么作用？

问题三：刘禹锡身上有什么感人的事迹值得我们了解、学习？

问题四：刘禹锡对连州当地的贡献还有哪些？

……

（5）刘禹锡纪念馆游览路线设计。

活动地点：刘禹锡纪念馆共有三层，其中一层是纪念刘禹锡的场馆，二层则是全面介绍连州历史文化的展厅，三层是连州现当代成就展。主要浏览地点为一、二层。

活动建议时间：2小时。

活动结束后，亲子之间进行游览感受交流，学习刘禹锡精神，传承岭南文化。

（连州市九陂中心学校　李华取）

亲子活动：同唱一首歌

【活动背景】

高年级的很多学生的家长对孩子的关注更多停留在学习上，对孩子的体育锻炼、阅读和文娱活动不太放在心上。部分家长对孩子"陪伴少""交流少""了解少"，经常会与孩子发生较为激烈的冲突，亲子关系紧张，家庭气氛紧张。

"双减"政策下，引导孩子课余在家开展各项活动，加强亲子陪伴，提高陪伴质量，既是国家政策要求，也是家庭现实需要。

【活动目的】

（1）通过互相配合、互相学习的角色体验，增加亲子双方的了解，融洽亲子关系，和谐家庭气氛。

（2）通过学唱亲子活动，增加家长陪伴孩子的时间，有效提高陪伴质量。

【活动对象】

以家庭为单位，可以是几个家庭，也可以是单个家庭。

【活动准备】

（1）准备好亲子活动倡议书，做好活动开展意图的宣讲。

（2）家委会做好活动前的分工，为活动的开展提前做好服务保障。

【具体操作】

1. 选取歌曲，弘扬特色

父亲（母亲）挑选出一首七八十年代的特色歌曲，孩子挑选出一首00年代的歌曲。弘扬时代特色的同时，让亲子双方增进了解。

2. 教学歌曲，互为老师

选好歌后，父亲（母亲）和孩子互为老师和学生，互相教会对方唱特色歌曲。

3. 录制歌曲，见证成长

歌曲学会之后，家长和孩子共同表演，以视频的方式记录下来。

4. 分享歌曲，传播能量

将录制好的歌曲视频在班级公众号分享。

（广州市八一学校　周　敏）

参观省博，触摸历史

【活动主题】

红色研学，参观省博。

【活动目的】

（1）走进省博物馆，触摸历史，增进亲子交流。

（2）通过参观博物馆，了解历史和丰富多彩的文化，激发学习和探索的热情。

【活动准备】

（1）制定线路，让参观更有针对性。

（2）适时记录，让参观更有仪式感。

【具体操作】

1.提前做攻略

（1）孩子一定要知道省博的具体位置，采用何种交通方式，如搭乘地铁、公交车等，孩子自己画好思维导图。

（2）孩子跟父母一起在网上了解省博的特点，参观时根据个人喜好设计参观的合适线路。

2.参观显文明

（1）参观时，文明有礼，遵守秩序。参观者多时，若有讲解员，听讲要认真，若要排队，静心等候，培养孩子的秩序感和规则意识很重要。

（2）参观时，边看边思，边看边记。参观时，切忌走马观花和追逐打闹，父母可以跟孩子一起探讨，遇有有疑问和不懂之处，可以适当讲解，可以查阅资料。

3.分享要多元

（1）分享形式：照片配文、参观日记、录制音频等。尽量多元，增加趣味。

（2）分享要求：家庭分享，班级分享。在家里分享，是一次亲子交流和回味的过程；在班级分享，锻炼孩子的胆量，提升孩子的表达能力，让孩子找到成就感。

（广州市黄埔区天健学校　孙　彬）

第四篇　特色班会
——素质教育促成长

"小鬼"当家

——劳动光荣，创造美好

【活动目的】

通过活动，培养学生热爱劳动、珍惜劳动成果的优良品质，理解父母的不容易，体会劳动的乐趣，增强学生学会生存、学会生活、学会学习的实际本领。

【活动准备】

A4纸、笔、20元现金。

【具体操作】

（1）"五一"劳动节前布置任务：用20元钱购买相应材料，做成四菜一汤。

（2）学生们初步做好计划：打算买哪些菜，预算分别多少，准备做成哪些菜式。

（3）劳动节当天，学生在父母的陪同下到市场买菜。回家后自行洗菜、炒菜、做饭。父母负责拍摄及享用孩子做的美食，并把照片发到班级群进行分享。

（4）每个学生完成一份"小鬼当家"记录表。

"小鬼当家"记录表

今天我做的四菜一汤	1.＿＿＿＿	2.＿＿＿＿	3.＿＿＿＿	4.＿＿＿＿	5.＿＿＿＿
花销	＿＿元	＿＿元	＿＿元	＿＿元	＿＿元
遇到的困难					
我的感受					

（5）班级展示，评选出10名"最佳小当家"。

（佛山市顺德区伦教北海小学　何尚蓉）

厨神养成记

【活动目的】

为贯彻落实中共中央、国务院《关于全面加强新时代大中小学劳动教育的意见》精神，加强学生的动手能力，落实五育并举。学生通过相互讨论、与父母一起活动、厨艺比拼等形式体验劳动的乐趣、家庭的温暖，培养小组合作精神。

【活动准备】

（1）分小组。

（2）小组讨论确定菜系。

【具体操作】

（1）将班级学生分成8组，每组5～6人，小组确定菜系，组员确定菜式。菜式尽量以家乡特色菜为主。

（2）周末返家向家人学习如何做，要求与家人一起采购。家人指导，学生自己操作，并上传做菜的图片与家人的评价到班级相册。

（3）周日下午返校准备相应材料，不能带成品或半成品。

（4）在学校饭堂进行厨艺大比拼，一小时内完成制作。

（5）评选最受欢迎菜色、最美味菜肴、最营养菜式、最佳合作小组等。

（6）最佳厨神颁奖。

（7）活动分享会，交流做菜的心得、与家人一起完成采购的乐趣等。

说明：

（1）我校是住宿制的民办学校，学生来自不同的地方，学校有做菜的厨具。

（2）学生每周在学校五天，周末才可以回家，与家人的沟通交流少，通过这个活动促进亲子关系，也让学生体会劳动的乐趣，体谅父母的辛劳。

（广州市白云区景泰中学　张秋兰）

创意水果拼盘

【活动主题】

创意水果拼盘。

【活动目的】

（1）增加父母与孩子的亲密度。

（2）培养学生的动手能力。

（3）发挥学生的创造力。

【物品准备】

水果、小刀、手机。

【具体操作】

（1）在父母的协助下，通过在网上查询参考图或自己绘制等方法确定自己想制作的拼盘形状，并确定所需要的材料。

（2）父母和孩子一起去购买水果。

（3）在父母的协助下用小刀将材料切成自己需要的形状，并进行摆盘、取好名字。

（4）将照片发到班级群，由班主任收集图片，进行班级投票，每个家庭有5票。通过投票选出"最具创意奖"，颁发奖状。

部分作品展示：

（广州市黄埔区凤凰湖小学　管丽钒）

开学伊始　亮出绝活

初秋的阳光洒满校园，又到一年开学时。俗话说，好的开始是成功的一半。开学的第一节班会课，你是否已经做好了准备？这重要的一课，究竟要上些啥？应该如何别具匠心地设计？快来看看朱穗清工作室的老师们是如何亮绝活，得心应手地"俘获"学生们的心的。

"玩转"你的读报时间

【活动目的】

每个学校都有自己的读报时间，这个时间大概有15分钟。每次班主任准备，是不是感觉素材不够、达不到教育效果或是自己累得够呛，为何不发挥孩子们的主动性呢？班主任可以按照班级学号或者是小组的顺序，提前一周或两周给孩子们布置任务。孩子们利用周末时间查找资料，形成自己的发言稿或是组队表演。这样既可以锻炼孩子们搜集素材以及整理素材的能力，也可以锻炼孩子们的组织能力和口头表达能力。每天可以固定话题或内容，方便孩子们查找资料、准备发言或表演。

【活动准备】

明确学生学号、组建小组。

【活动操作】

（1）星期一：我爱阅读。通过好词佳句欣赏、好书分享、短剧表演、课

本剧表演等一系列活动，让孩子爱上阅读。

（2）星期二：新闻之我见。孩子们分享最近的新闻、热点，分组在班级开展讨论，各小组分享讨论结果。班主任老师做正面引导，让孩子通过辩论形成正确的人生观、价值观。

（3）星期三：开心一刻。孩子们学习了三天，难免有些疲惫，这个时间可以让孩子讲笑话、学歌曲、做游戏等，让孩子们稍微放松、缓解学习的压力。

（4）星期四：名人故事汇。可以让孩子们讲讲党史故事、共产党员故事、英雄故事、时代楷模故事、名人故事等，用先进人物的事迹激励孩子们努力学习，积极向上。

（5）星期五：安全大讲堂。周五放假前，可以让孩子们准备安全绘本故事表演、安全故事、自救逃生技能等，让孩子们自己学习，真正掌握安全知识和技能。

每天的活动资料班级可以进行收集，在学期末还可以制成自己班级的书籍资料，从而形成自己班的班级文化。各位老班，还在等什么呢，快快行动起来吧！

（重庆市彭水苗族土家族自治县第三中学校　罗春梅）

我有一双发现美的眼睛

——每日短班会主题活动

【活动目的】

孩子离不开鼓励，正如植物离不开水。为了让学生留心生活，关心班级和同学，同时增强班级凝聚力，开展主题班会活动，鼓励同学发现身边的"美"——好人好事等，利用每天放学前的短班会时间进行总结反馈。

【活动准备】

心形便利贴（树叶贴）、笔、双面胶、鼓励树。

【活动操作】

每天早上来到教室，主动跟同学们说：美好的一天又开始了，让我们积极观察身边发生的事，用自己一双善于发现"美"的眼睛去找找今天你发现了哪些美好的事。

到下午放学前，利用10分钟短班会让学生畅所欲言，说出今天看到的好事（自己有进步的地方）进行分享。老师在心形便利贴上记录（具体的事+品质），由学生本人粘贴在鼓励树上。

【活动效果】

通过"我有一双发现美的眼睛"的活动，学生开始关注身边的同学，同时开始反思自己，每天下午都积极举手分享一天下来观察的"美"事，还有很多对自己进步的肯定，同学们的自信心也慢慢树立起来了。

（广州市黄埔区凤凰湖小学　管丽钒）

恒心、毅力来助威

【活动目的】

体验坚持所需要的恒心和毅力，培养学生的意志力。同时，让学生意识到意志力的培养要从小事做起。

【具体操作】

（1）学生在课室内站立，两只手臂往前伸直，与身体成直角平举，身体不晃动，看谁能坚持到最后。

（2）每30秒报时一次，间或给出鼓励的语言："坚持住，你们可以的！""哇！好棒！已经坚持了3分钟了！过了第三关了！""再坚持20秒，你就闯过第五关了！"

（跟学生约定，每坚持一分钟就算过了一关，看最后谁的级别最高）

（3）到5分钟停止时，只有一个孩子放弃。

（在1分钟时放弃的，这个孩子是有点特殊的）

【活动分享】

（1）第一个1分钟过了，你有什么感受？

（2）时间过了一半了，你有什么感受？

（3）最后老师宣布结束时，你有什么感受？

（4）为什么你能坚持下来？

（5）遇到困难时你是怎样克服的？

（6）这个游戏跟你的学习和生活有关联吗？对你有什么启发？

（广州市黄埔区文冲小学　蔡淑妍）

团结协作

【活动目的】

（1）激发学生的奋斗精神。

（2）增强团队成员的归属感。

（3）了解团队协作的重要性。

【具体操作】

（1）先将所有学生分成几个小队，要求每队在5人以上。

（2）每队先派出两名学生，背靠背坐在地上，接受最初级的挑战。

（3）接受初级挑战的两人双臂相互交叉，合力同时站起。

（4）以此类推，每队每成功一次增加一人。如果挑战失败，需重新挑战一次，直到成功才可再加一人。

（5）老师在旁做裁判，选出成功人数最多且用时最少的一队为优胜。

【注意事项】

无论队员还是领导者都应该明白，任何一个人的不配合都会对小组的行动产生负面效果。因此，活动过程中应注意，在游戏结束后，要帮助完成效果不好的小组找出原因，帮助他们树立团队意识，引导他们总结自己的失误。这对学生的素质提高有很大帮助。

【话题讨论】

（1）仅靠一个人的力量能完成起立的动作吗？

（2）你们是否想过一些办法来保证队员之间动作协调一致？

（3）如果参加游戏的同伴能够保持动作协调一致，同心协力任务是不是更容易完成？为什么？

【现场感受摘录】

（1）同心协力是一个很有意思的团队合作游戏，让我们在游戏中体会到友谊和团结合作的乐趣。

（2）同心协力这个游戏看似简单，但是仅靠一个人或几个人的力量是不可能完成的。

（3）在同心协力的游戏中，可以先想出一个共同的口号，保持步调一致，大家需要组成一个整体，全力配合，才可能达到目标。

（广州市科骏小学　张桂芬）

有缘来相识，我们是一家

【活动目的】

通过"寻找有缘人"游戏，让学生学会主动交往。在交往中介绍自己、了解他人，发现共同兴趣爱好，增强同学之间的进一步了解。

【具体操作】

（1）根据"有缘人卡"上的信息，在10分钟内找到具有该特征的人，简

单交流后签名。

（2）学生交流"有缘人卡"上的信息，看谁签名最多。请某一特征签名最多、签名最少的学生进行全班交流。

有缘人卡

序号	特征	签名	序号	特征	签名
1	穿38码的鞋		17	做过模特	
2	会打乒乓球		18	现在穿黑色的袜子	
3	有白头发		19	喜欢跳舞	
4	喜欢听×××的歌		20	去过香港	
5	去过北京		21	做过班长	
6	小学住过宿舍		22	有住院开刀的经历	
7	身高170cm		23	体重50kg	
8	妈妈是护士		24	喜欢粉色	
9	练过书法		25	喜欢爬山	
10	读过《三体》		26	户口不在广州	
11	参加过志愿者活动		27	喜欢拍照	
12	未来想做警察		28	想考华附高中	
13	9月出生		29	喜欢英语	
14	有鼻炎		30	崇拜×××	
15	戴眼镜		31	看过《声临其境》	
16	擅长主持或演讲		32	会做菜	

（3）梳理全班信息，请具有同一特征的人站成一排相互介绍与交流。

（4）班主任演讲：《我们是一家人》。

【活动引导语】

在一个班里生活已经有一个星期的时间了，对于周围的同学，你已经熟悉了吗？无论来自哪里，有什么相同点、不同点，相聚在同一个班，那就是有缘人，是一家人。

（华南师范大学附属初级中学　莫利梅）

听指令"几只脚"游戏

【活动目的】

（1）培养学生的团队精神，体会个人与集体的关系。

（2）培养学生处理问题的能力，激发发散思维。

（3）在活动中拉近同学间的距离，感受包容和激励，让学生获得积极情感体验。

【具体操作】

（1）将学生6人分成一小组，公布游戏规则如下：每个小组全体成员根据裁判的指令，在5秒内，按照裁判报出的数字，用相同数量的脚站在地上，坚持3秒以上即成功。小组间PK，错误即淘汰，坚持到最后的小组即胜出。小组成员除了接触本组成员和地面外，不能触碰椅子、桌子、其他小组成员等。

（2）活动热身。先简单模拟一下游戏，让学生熟悉游戏规则。例如，裁判报"12只脚"，则6个人都站立；报"8只脚"，则只能4人站立，其他2人要离地，或者4人单脚站，2人双脚站。

（3）正式开始比赛。

【活动引导语】

本游戏非常考验团队的合作协调能力，要配合同伴，并及时做出调整。团队领导者要当机立断做出决断，组员要服从团队目标，配合并及时反应。成员们在游戏中体验团队协作的力量，感受游戏的快乐，获得成功的体验。

（广州市第一一七中学　胡丽君）

学子有疑，书写寄怀

【活动目的】

进入九年级后，7班的任课教师除班主任兼语文老师外，其余全部更换。对新的任课教师集体，学生除了好奇，还有隐隐担忧、不适应。新任教师也会有陌生感，毕竟"后爸""后妈"不好当。为了快速拉近学生与新任教师的距离，也为了让他们明确"初心"，9月2日第一堂班会课主题为"学子有疑，书写寄怀"。

【活动步骤】

第一步：准备一个手账本，扉页写上"学子有疑，书写寄怀"。全体教师在手账本里写下自己的寄语（按照语、数、英、政、物、化的顺序）；

第二步：新任教师上台自我介绍（按照语、数、英、政、物、化的顺序）；

168

第三步：请全班同学按照学号顺序（共28人），每个人挑选1到2位老师，就他们最关心的一点在手账本上写下自己的问题（若重复则略过或重新构思）；

第四步：全体教师就学生的问题在手账本里进行答复（若时间不足，可延续到课后），并各自选出一到两个问题在第一堂课上展开来讲；

第五步：由班长负责将手账本在全班传阅，并收管于图书角。手账本就此作为班级毕业学年的记事本，一直使用下去，毕业那天，再拿出来写结语。

【活动引导语】

文字的传情，是书写人所怀的情；文字的温度，是书写人情感的浓度。

（广州市黄埔区天健学校　尹　琳）

让快乐去漂流

【活动目的】

加强同学之间的了解，加深情感的交流，学会沟通，发现生活的美好。

【活动步骤】

（1）每个同学拿一张A4纸，写下这个假期中让你觉得最快乐的事情，或者画下来也可以。可以是一句话，也可以是一个关键词。

启发一：快乐的感觉总是消失得很快，通过记录的过程，我们重现快乐的事件，也重新回味快乐的感觉。

（2）拿着你的故事，找一个同学，和他分享你的故事和快乐。然后把你的纸交给与你分享的同学，并与他交换身份，带着他的故事去找下一个同学，以他的身份与另一个同学继续分享快乐的事情，并与这个同学再次交换身份，找另一个同学分享。以此类推，直到老师说"停"。

启发二：与别人分享自己的快乐，就能把快乐分成两份、四份……你给别人快乐，别人也给你快乐，每个人就有了更多的快乐。各种不同的快乐事件让我们发现了生活的美，我们又在分享中发现了更多隐藏的快乐。

（3）哪个同学的故事让你最感动，最有同感，请和全班同学分享，并说说你的感受。

启发三：生活真的很美好，分享真的很快乐。友好、愉快的交流可以增进我们的了解，让我们的感情更融洽。我们会发现其实我们有很多共同点，我们可以成为很棒的朋友。

【活动引导语】

生活很精彩，分享很快乐。只要我们用心发现，无私分享，我们的生活就一定会变得更美好！

（广州市黄埔区港湾中学　黄　晖）

第四篇　特色班会
——素质教育促成长

打招呼：bilibalabom

【活动目的】

进入初三，同学们将面临更大的压力，更多的挑战。初三密集的测验也让他们面临更多的失败和不如意。如何做好他们的心理建设，帮助他们更坚强、更理性地面对各科情况，成为初三班主任的工作之重。

【活动步骤】

（1）两位同学为一组相对而立，眼睛注视对方，一人为挑战者，一个为被挑战者。

（2）先由挑战者说出bilibalabom，被挑战者则要在挑战者说出第一个音节后马上跟着说，但要在挑战者说完最后一个音节之前把自己的话说完。

（3）被挑战者未能按要求完成为输，则两人角色互换开始挑战。如果被挑战者赢了，则重新开始，直到被挑战者输了，则两人角色互换。

启发一：你不可能一直赢，但你也一定不会一直输。

启发二：失败了，不用郁闷，重新开始就好了，你永远有重新开始的机会。

启发三：即使有暂时的挫折和失败，也不用担心，因为有时失败也可以是很开心的。

启发四：生活中一定会有成功和失败。成功和失败是会循环的，成功一定会再次来临。

启发五：有时虽然你输了，但主动权却回到了你手上。你可以从自己这里马上重新开始。因为绝地反击的机会在你手上，主动权掌握在你手上。

【活动引导语】

在学习和生活中，我们避免不了失败。用不同的态度去看待它，你会有不同的认识和收获。玩一个好玩的游戏，换一种心情，让我们愉快地进入我们的初三吧。

（广州市黄埔区港湾中学　黄　晖）

"时间"拍卖会

【活动目标】

使学生认识到时间的重要性，并引导学生合理安排时间。

【具体操作】

（1）展示初三行事历，引导学生关注时间。

初三行事历

月份	1月	3月	4月	5月	6月
事件	区一模	中考报名	体育中考	英语 口语听力	中考

（2）展示拍卖规则。① 老师为拍卖师，主持本次拍卖会；② 拍卖会采用加价或降价的形式进行拍卖；③ "标的"是某学生自愿拿出的一个月时间；④ 每名学生以自己拥有的金钱或同等价值的私人物品参与竞价（提醒学生需要按自己实际的经济情况来参与，拒绝流拍）；⑤ 拍卖师有权根据场上竞价情况对竞价阶梯进行调整。

（3）学生举手开始竞价，直至成交。

（4）访问成交的竞买者准备如何利用这一个月的时间。

（5）引导全班同学一起制订学习时间计划。

【活动引导语】

伊朗有一句谚语："谁把一生的光阴虚度，便是抛下黄金未买一物。"时间是世界上最宝贵的东西。回想起我们三年的学习生涯，也只剩10个月就要结束了。初三开学的第一次班会课，我们来进行一次体验式活动——拍卖会。只是这次拍卖会的"标的"非常珍贵，它就是"时间"。

（广州石化中学　叶园园）

破冰游戏

【活动目的】

打破新班级的隔膜，活跃气氛，加速新同学间的认识与了解。

【活动准备】

（1）全班同学的花名册。

（2）塑料瓶。

（3）每人写一张自我介绍的小纸条，不透露自己的姓名，在纸条上写上符合自己外貌、性格的形容词。

（4）多种颜色、形状的小卡片若干。

【活动实施】

活动一：速记姓名

（1）在屏幕上投影班级同学的花名册，2分钟时间让学生速记。

（2）老师在讲桌上敲击，学生快速传递塑料瓶，敲击声落下时由接到塑料瓶的同学列举自己记住的同学名字，比赛谁记住的更多。接棒人做下一场的主持人。

（3）也可进行小组PK，两个小组派代表上台PK，小组其他成员可提供场外支援。获胜的小组进入下一轮竞赛备选，最终选出冠军小组。

活动二：猜猜TA是谁

（1）将全班学生的小纸条汇总到一起，点学号随机抽取学生抽签。

（2）将抽到的小纸条大声念出来，同学们根据纸条上的提示猜测是班上的哪名同学。

（3）该同学上台面向全班，同学们观察该同学的举止推测TA的其他性格、喜好。

活动三：有缘相识

（1）每个同学从盘子中抽取一张自己喜欢的卡片。

（2）根据自己所选纸片的颜色与形状，到同学中寻找与自己纸片、颜色、形状相同的"有缘人"。

（3）有缘的同学相互介绍自己，找出彼此五个以上的共同点为成功。

【活动效果】

在班级刚组建时玩破冰游戏能带来很好的效果，学生们可以在游戏中快速熟悉彼此，生生间、师生间的距离被一步步拉近，使班级团队建设更快速地展开。班主任也可以借破冰活动观察学生，了解新生性格。

（广州石化中学　罗雅文）

老师请你"走红毯"

【活动主题】

老师请你"走红毯"——独一无二的颁奖仪式。

【活动目的】

（1）通过独特、隆重的颁奖仪式，赋能获奖学生，提升荣誉感。

（2）激发学生的上进心，激励学生努力向前，健康成长。

【具体操作】

1. 学生投票评选"朝阳之星"

（1）学生讨论最期待的奖项，确定奖项的设置。

班级："热心肠""心灵美""奉献之星""环境卫士"。

学科："口语之星""单词大王""明日作家""计算达人""词语专家""王者荣耀""心灵手巧""金话筒"。

（2）组织学生投票评选出各类优秀同学。

（3）获奖名单公示2天，接受同学们的监督和评价。

2. 老师提前做好仪式前的准备

（1）铺上红毯：在教室中央铺上红色的地毯，营造隆重、热烈的气氛。

（2）专属视频：制作动感视频作为年度颁奖仪式的背景。

（3）定制奖品：定制刻有班徽的"朝阳之星"签字笔。

（4）独有奖状：奖状加盖"首届示范班"的印章。

3. 隆重的颁奖仪式

（1）邀请家委代表见证颁奖仪式，拍照。

（2）在专属视频的背景音乐声中，获奖同学上台领奖，接受奖品、奖状。

（3）获奖同学发表获奖感言。

4. 公众号后续报道

发挥"八一朝阳七班"班级公众号的优势，把本次活动推送到班级公众号，给予获奖同学更大的荣誉感，激励同学们积极向上，树立榜样，弘扬正能量！

（广州市八一实验学校　周　敏）

为友谊的小船保驾护航

——初中生人际交往指导系列活动

【活动目的】

青春期的学生渴望拥有自己的牢固友谊，但又因为敏感、自我情绪管理能力差等常常与友谊失之交臂。通过团队活动，引导学生认识到青春期友谊的重要性，学会交友的原则和方法，学会正确处理同伴之间交往的矛盾与冲突，巩固班级同学间的友谊，增强班级凝聚力。

【活动准备】

准备绘图卡纸、写有班级同学名字的"国王天使卡"，情景剧表演排练，班级学生每人提前准备好3朵小花。

【活动流程】

1.绘制个人的人际交往圈，认识自己的人际交往特点

首先在三个同心圆中央画一个实心圆点代表自己。以这个圆点为中心，就有了三个半径不等的同心圆。它们代表三种人际财富或者人际圈。将你周围朋友的名字写在图上，名字越靠近中心圆点，表明他与你的关系越亲密。

设计意图：引导学生通过绘制人际交往圈，认识自己的人际交往特点。

2.照镜子游戏

两个同学为一组：一个同学做各种表情，另一个同学假设是其在镜中的影像，尽力逼真地模仿他的表情。表情分别有发自真诚的微笑、鄙视、极度愤怒、轻蔑。做完游戏后，请几个学生说说玩游戏的感受。教师进行总结，引导学生认识到：在我们的学习、生活中，自己待人的态度往往决定了他人对我们的态度，因此，尊重他人，你也会赢得他人对你的尊重。

设计意图：学习交友原则——学会尊重。

3.表演情景剧《文具盒风波》

组织学生完成情景剧表演《文具盒风波》，两个同学表演剧本一（冲突环节），其他小组在此基础上拟写化解冲突的另一种剧本，并在小组内用角色表演的方式呈现出来。通过这个活动，引导学生在同伴交往中学会宽容和让步。

设计意图：学习交友原则——学会宽容和让步。

4.赠花游戏

每人将自己手中持有的3朵小花分别赠给自己最想赠送的同学，赠花时要真诚地夸赞对方，将自己手中的花赠完为止。

设计意图：学习交友原则——学会赞美。真诚地赞美别人是一种优秀的品德，引导学生通过赠花活动赞美同学，提高班级的凝聚力。

5.拓展活动：上帝与天使

（1）每人领取一张"上帝天使卡"，每一位天使（同学）从"福袋"里抽出一张卡片，这张卡片上的名字所对应的人就是你的"上帝"。抽取后不可以讲出来。

（2）在抽到的卡片的背面写上你的名字交回给老师，如果抽到自己可以

重新抽取。

（3）"天使"要在接下来的一周内默默地为"上帝"服务，不能让"上帝"发现自己是谁。

（4）"天使"的服务要尽量丰富多彩、形式多样。比如，一杯水、一个小礼物、共同学习、真诚陪伴等。

（5）实行一周后，请班级里的"上帝"们说说自己收到的惊喜，并猜猜谁是你的"天使"。

设计意图：学习交友原则——学会奉献。

（广州市花都区新雅街镜湖学校　杨晓婷）

创新运用加减乘除

【活动目的】

加减乘除是数学的基础，是生活中的"常用工具"。此次班会的灵感来源于一次研读《思想政治课》期刊——《高效课堂的"加减乘除"》一文。既然加减乘除有益于打造高效课堂，我想，生活和学习当中我们也应创新运用"加减乘除"。于是我突发奇想，在班级开展一次主题班会，希望孩子们在初三繁忙的学习生活中，运用这四位"老朋友"帮助自己提高做事效率，提升生活品质，为自己腾出"惬意空间"。

【活动准备】

查阅资料，制作PPT。

> 还记得这四位"老朋友"它们各自的定义吗？
>
> ＋ － × ÷
>
> 别小看这些定义哦，生命中，生活里，我们也要运用好加减乘除，让自己的生命更有价值。

【活动操作】

环节一：班主任谈"加减乘除"新定义

1. 活用"加法"，丰富内涵

加法：两个或以上的数合成一个数，意味着结果的增长。

例如：

（1）对某一知识的深入思考，深度学习，提升思维能力。

（2）学习新技能，拓展课外知识。

（3）增强自律性。

（4）加强体育锻炼，增强体质。

（5）更加珍惜生命、亲情、友情、师生情。

……

2. 妙用"减法"，删繁就简，去冗存精

减法：从一个数量中减去另一个数量。

例如：

（1）惜字如金，少说多听、多做。

（2）减少无益交友。

（3）减少无用功，提高效率。

（4）减少杂念。

（5）虽开卷有益，但要精选有益的书籍阅读。

……

3. 善用"乘法"，事半功倍

乘法：在原有基础上实现结果倍增。

例如：

（1）举一反三，做一题，得一法、通一类。

（2）学习效率、做事效率倍增，实现效果最大化。

……

4. 巧用"除法"，各个击破

除法：把一个数分解成若干等份。

例如：

（1）把目标、任务进行分解，以便对症下药、逐个击破。比如班级大扫除分工完成。

（2）把一个大任务分为一周7天来做，每天完成一点，再把一天的任务分几个时段来完成。

……

环节二：交流共享

运用加减乘除，你会给身边的人提什么小建议？

（小组讨论，请代表发言，说明对象和建议）

环节三：写一写

在接下来的学习生活中，根据你的自身实际，你将如何运用好加减乘除？

【教育感悟】

其实在开展活动前，我并不确定自己对本次班会主题的定义是否准确，对学生是否有帮助，但教育本身就是一种探索，大胆尝试，播下一粒种子，也许在某一天，会遇见花开。看到孩子们的三言两语，真开心将自己受到的启发分享给他们。希望孩子们也带着自己的收获，传递、影响周围的人。

（广州市第一二三中学　张　午）

家校合作

——齐管共建成合力

教育共同体的建立，让班级每个活动都留下了家长的身影，引领家长树立"我为孩子做点事""让班级充满家长的爱"的意识，鼓励家长积极、广泛、深入地参与到家校合作中来，最大限度地发挥"家—校"和"家—家"合育的功能，促进学生的全面发展。

"批斗会"VS"沟通会"？对家长会的印象是"教训会""批斗会"，像小学生上课一样听着？NO！呼唤"平等、对话"的家长会形式，让家长和老师不分等级，都以平等的身份参加。不一样的家长会，展示不一样的效果，得到不一样的收获！看看我们是如何打破传统模式，让家长会更有创意的！

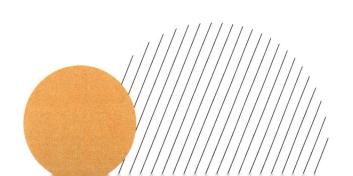

"亲子成长共同体"形式介绍

将学生分成若干个小团队，每个小团队的学生和家长组成"亲子成长共同体"，作为家校合作、亲子合作开展活动的基本组织。团队负责人由一名学生队长及一位家长队长担任，主要负责活动的组织和开展。

【家访形式】

1.团队亲子家访日

每学期结束后，每个团队的家长成员约定时间，带上孩子到所在团队的某一个家庭中聚会。家长们齐心备好食物，在轻松的氛围里，家长分享教育心得，孩子分享学习心得，班主任反馈学期学习情况。此举不仅增强了班级凝聚力，还提升了团队家长间的合作力。

2.团队制家长恳谈会

新团队组建后，集体召开家长恳谈会。

第一环节：集中展示，由各团队队长制作PPT向全体家长展示团队的情况。

第二环节：团队恳谈，由各团队队长组织团队队员和家长一起进行恳谈，商议团队的共同愿景、团队家校合作，以及反馈队员的在校表现等。在充分讨论的基础上共同帮助每一个同学制定符合其自身实际情况和个性特点的、切实可行的学期成长发展规划。

恳谈会展示了队长的风采，培养了学生的自信心和能力，激发了亲子成长共同体的凝聚力。

【团队亲子主题活动】

根据每期亲子活动的主题和要求，邀请家长作为活动志愿者参与班级活动，也可由家长陪伴孩子参加社会实践活动，例如：

GG14初一第一学期亲子活动安排表

时间	主题活动	操作
9月	亲子中秋节	由家长志愿者策划、组织班级中秋联谊活动
10月	1. 爱国主义教育系列活动 （1）《我和我的祖国》街头快闪表演 （2）我为祖国做一件事 （3）寻找红色足迹 2. 亲子志愿者服务	团队家长志愿者组织团队内的家长及学生约定时间，共同完成
11月	寻找最美系列 （1）最美高中 （2）最美书店	团队家长志愿者组织团队内的家长及学生约定时间，共同完成
12月	学科竞赛月 （1）英语记单词比赛 （2）古诗词记忆比赛 （3）数学解题比赛	邀请家长志愿者担任评委

班级团队亲子共同体的建立，让班级每个活动都留下了家长的身影，引领家长树立"我为孩子做点事""让班级充满家长的爱"的意识，鼓励家长积极、广泛、深入地参与家校合作，最大限度地发挥"家—校"和"家—家"合育的功能，促进学生的全面发展。

（广州石化中学　朱穗清）

体验式家长会

【理论基础】

体验式团体教育是以哲学、教育学、心理学理论为基础，运用相关心理学技术，创设体验情境的一种教育形式。依据"体验式团体教育模式"和心理学理论，教师可以开展体验式家长会，并设计有教育意义的互动，让家长在活动中体验，在体验中感悟与反思，在表达与分享中提升认知，最终达到传达

教育理念及核心的目的。

【案例设计】

画 树

（一）活动目的

让家长体验到多元智能，尊重孩子的个体差异。

（二）操作流程

（1）导言：请每个团队分别"画树"。画什么形状的树都可以，一棵？十棵？一片森林？没有规定。每个人都要动笔画，只有4分钟，并用同样的方法进行展示。

（2）讨论：为什么我们每个人画出来的树都不一样？

（3）引导：大家画出来的树是千差万别的，没有一棵是相同的，就如同人一样，有的会理财，有的善交际，有的能说会道，有的别有内秀。我们的

孩子也不例外，每一个孩子都是独特的自己，应尊重孩子的个体差异，因人而异。人各有长，切莫拿自己孩子的缺点去比别人孩子的优点，切勿伤害孩子的自尊。

你说我画

（一）活动目的

体会单方面交流和被迫接受信息的困难，从而强化采用互动的沟通方式进行交流。

（二）操作流程

1. 步骤

第一步：请一位家长背向大家，口头描述一张事先准备好的图，不能有任何动作；其他家长按照描述画图，其间不能提问，一切听从上面家长的指挥；画完后将原图展示给大家看，让大家校对所画的图是否准确。

第二步：再请另一位家长上台做这个游戏，但这次允许大家双向交流，看结果怎样。

2.讨论

（1）当我们只能被迫单向交流时，是否感到不顺畅、焦虑和困难？为什么？

（2）即使是双向交流也会有人出错，分析一下这是为什么。

（3）描述图的人有哪些有效的表达？有哪些有待改进之处？

3.引导

单向交流常常使人得不到及时、准确的信息。有问题不能问，出了错也不能及时知道，就会让人无所适从，从而错误丛生。单向交流可以说是无效的沟通，有点像我们做父母的训孩子一样，最简单的理由是没有回馈，听者对说者表达的内容必有或多或少的误解。因此，在与孩子沟通时应该多注意互动与回馈，多站在孩子的角度倾听孩子的想法。

（广州石化中学　朱穗清）

参与式家长会

【理论基础】

参与式家长会是指围绕一定的阶段性目标，通过对家长会进行内容与形式的设计，促成家长在参与过程中知、情、意、行的统一，让家长建构新经验或转变教育观念，最终达成增强家校共育意识与能力的目标的一种家长会。

【案例设计】

不要与青春期的孩子较劲

（一）活动目的

（1）希望化被动为主动，让家长真正参与其中，改变以往说教式或汇报

第五篇　家校合作
——齐管共建成合力

式的家长会。

（2）希望引起家长的思考，认识到自己的教育误区，能更好地处理亲子关系。

（3）进行思维的碰撞，产生思维的火花，从讨论中得出家长们认同并行之有效的方法。

（二）操作流程

1.前期准备

（1）提前收集学生目前出现的问题，整理分类，选取较有代表性的几个问题。提前收集家长的教育误区，整理分类，选取较有代表性的几个误区。

（2）根据学情及家长情况分小组，确定组长。每个小组都按三个层次的学情来分配，组长由具备一定的领导力、沟通协调能力和表达能力的家长担任。

（3）准备情景讨论用的视频。设计活动具体流程，制作课件，准备讨论所需纸笔等。

2.筛选视频

（1）使用视频是为了让家长更好地进入情景。

（2）筛选出贴近班情的视频，让家长讲想法，有话说，有共鸣。（这部分需要班主任对班级学生的亲子关系现状有一定的了解）

（3）真人秀或是纪实类的视频会让家长感觉更真实。（如：中央电视台的《隔帘对话》、《小鬼当家》2019）

3.活动流程

（1）导入。

漫画导入，展示青春期的孩子与家长之间的冲突。

导入语：

许多父母说，青春叛逆期的孩子，突然变成了另一个星球的生物。

许多青春期的孩子说，父母再也走不进他们的世界，不理解他们已经成人。

孩子和父母之间，似乎隔着一层透明的垂帘，再也听不到对方，看不见彼此。沟通，在他们间似乎成了稀缺。

作为父母，我们到底该怎么办？

（2）大家来支着一。

① 请观看本组视频，进行第一轮分组讨论。

平时，您面对这样的事情是怎么做的？请本组成员把平时自己的做法写在白纸上。

② 视频梗概。

第一个：在学校违纪，与同学相处不融洽，被退宿，与父母矛盾激化。

第二个：考试成绩不理想，父亲怒摔蓝牙音箱，不让孩子继续跳舞。

第三个：偷偷花很多钱买做手账的物品，母亲认为影响学习，母女矛盾激化。

第四个：学习时间玩手机，妈妈发现后将手机没收。

第五个：妈妈随意进入女儿房间翻东西，发现小说，由此发生冲突。

③ 家长讨论结果呈现，并派代表阐述本组的讨论结果。

（3）大家来支着二。

① 进行第二轮分组讨论，以上讨论出来的方式，哪种最有效？

② 本组成员进行讨论，选出本组认为最有效的方法，并写在另外一张白纸上。

（4）如何来沟通①。

① 良好的亲子关系。

第一，孩子能够在你面前表现出各种情绪。

第二，孩子遇到问题首先找你。

第三，孩子会和你谈自己的想法，不担心你有什么反应。

第四，你对孩子的反馈不评判，不贴标签。

第五，你鼓励孩子做自己喜欢做的事。

第六，你会给孩子设置恰当规则，不担心孩子反抗。

第七，你会对孩子道歉，并且弥补过错。

---

① 选自广州电视课堂的心理健康微课《让爱说话——亲子沟通的艺术与方法》。

符合5个以上，说明亲子关系良好；少于3个，则要反思自己的教育方式。

② 沟通小技巧。

第一，多倾听，少言说——少说"你应该"，三分之一说，三分之二听。

第二，多谈情，少说理——接纳情感，回应感受，读出感受。

第三，多用心，少用手——学会放手。

第四，多身教，少言教——榜样的作用。

第五，多挖掘，少盲从——回忆曾经的温馨与融洽。

第六，多发现，少比较——有一种痛叫"别人家的孩子"。

第七，多对事，少对人——就事论事，不贴标签，不翻旧账。

第八，多赞美，少指责——及时肯定，表扬具体。

第九，多温情，少挑剔——和谐的夫妻关系是良好亲子关系的基石。

（5）书籍推荐。

几米漫画《我的错都是大人的错》《我不是完美小孩》。当你认真读完，也许，你就能明白孩子需要的是什么。

（6）结语。

孩子的灵魂栖息在明日之屋，那是大人梦中也无法造访之境。

——纪伯伦

每个孩子的未来都是我们所无法想象的，我们要做的，不是用我们的既定思维去限制他们，不是总想着让他们按照我们以往的经验去成长，走我们走过的道路。我们能做的，是放手让他们去飞翔，是给他们提供更广阔的舞台，让他们去演绎更精彩的未来。

（广州市黄埔区天健学校　肖晶晶）

世界咖啡式家长会

【理论基础】

世界咖啡是创造集体智慧的会谈方法！世界咖啡会议模式的家长会就是让来自不同职业、不同教育背景的家长，针对数个主题，发表各自的见解，互相意见碰撞，激发出意想不到的家庭教育理念与方法。

【案例设计】

三年级，我来了！

（一）活动目的

探讨小学三年级孩子的心理、行为问题，分享解决方案。

（二）操作流程

（1）召开家长会前两周，在班级家长群收集家长在家庭教育上遇到的问题，结合班级实际，设计出家长会的主题和讨论题。

（2）给家长发邀请函，告知家长本次家长会讨论的议题，目的有两个：一是以示重视，让家长参与度更高；二是让家长提前知道内容，心中有数。

（3）所有桌子围成两圈，家长、老师围桌而坐，桌面上有点心、茶水等，让人放松的轻音乐轻声播放着。——轻松愉快的环境让家长可以畅所欲言，感觉自己是被尊重的、被理解的。

（4）将班上的家长根据他们的兴趣、专长自愿分为A、B、C 3个小组，分别承担不一样的任务和主题。

示例：以小学三年级为例。

A组：您认为孩子上了三年级以后有什么变化？如果是您家孩子有这种情况，您会怎样处理？

B组：三年级对于孩子们来说是个分水岭，很多孩子到三年级以后学习就感觉有点吃力了，考试的分数也不如一、二年级那么高了，这是什么原因？家长应该做什么？

C组：您希望我们怎样开展家校配合？在孩子的教育方面需要各方给予什么支持？

（5）各组进行分享。

（6）各组分享后，老师结合家长所分享的，进一步补充教育理念和方法。

【效果反思】

（1）减少家长和老师的矛盾。家长和老师有矛盾，很多时候是因为老师没有从家长的实际去想，把家长也当成了教育对象，使家长觉得不平等。通过这样的家长会，各位家长都可以发表感言，而且可以从中学习到更有效的教育方法。而老师也在不指责、不教训的情况下，春风化雨般将自己的教育意图、教育理念传递给家长。

（2）世界咖啡式家长会，结合班上的实际，把主动权还给家长，让家长当主角。家长们从开始的面面相觑到后面的大胆发言，家长之间的思维碰撞，轻松地就定下了我们这学期的教育方向。这样制订的教育计划是从家长的角度出发的，是他们的需求，执行起来更有行动力。

（广州市黄埔区文冲小学　蔡淑妍）

展示型家长会

【理论基础】

展示型家长会是指围绕一定的主题，将学生的在校生活和班级的集体活动以成果的方式向家长呈现，以促进家长对学生在校生活的了解，提高对学校认同感的一种家长会形式。其主要流程有学生展示、家长展示、教师展示，由学生展示在校的学习和实践成果；由家长代表展示家庭的趣味活动以及孩子在家中良好的阅读习惯、生活习惯，分享自己的教育经验；由教师展示班级的集体活动和荣誉。通过展示交流，使家长对学生放心、对学校有信心。

【案例设计】

亲爱的爸爸妈妈，欢迎你走进我的青春

（一）活动目的

学生升入七年级，家长迫切想了解孩子在校的学习和生活，本次家长会作为七年级开学后的第一次家长会，旨在让家长了解孩子在校的学习和生活情况，学习优秀家长应对孩子青春期的有效方法，让家长对孩子放心、对学校满意，从而奠定家校合作的基础。

（二）操作流程

1.绚丽开场——班级才艺展示

由学生向家长展示自己精心准备的才艺表演，表演完后，让学生与家长互动，邀请家长对表演做评价。

2.我的青春——学生展示

（1）学生代表为家长介绍学校特色建筑、特色文化。

（2）学生为家长展示自己在校的特色活动和特色作业，分享运动会、艺术节、跳蚤市场中的班级趣事，展示自己的美食、绘画、书法、航模等作品。

（3）学生代表向家长介绍各科老师，与家长分享班级同学眼中的优秀教师。

3.吾家骄子（女）——家长展示

（1）请家长代表分享家庭的趣味活动，如手工制作、烹饪展示、旅行笔记等。

（2）请不同家长代表分享孩子在家的优秀表现，如学习规划、阅读习惯、家务劳动、体能锻炼、孝亲敬长等方面。

4. 新的大家庭——班主任展示

（1）班主任介绍自己的班级管理方法。

（2）展示班级自开学以来的优秀表现以及班级荣誉。

（3）展示班级精彩的集体活动，如研学、参观博物馆、做义工等。

（广州市花都区新雅街镜湖学校　杨晓婷）

第六篇

管理巧思

——小小方寸显智慧

在班主任日常的教育管理中，我们总会遇到个性不同的学生和层出不穷的小事件，碰到各种各样的问题。作为班主任，如果只是一味地按常规管理学生，大事小事都一律指责，动不动就批评，有时不但不能很好地处理问题，还容易激化师生之间的矛盾，甚至制造出一批什么都不在乎的"老油条"。作为班主任，我们要敢于创新，运用创意应对技巧，更要善于把握每一次教育契机，讲究教育策略，给学生更暖的感触。教师不妨打破常规，巧妙处理，用教育的智慧，让学生自觉接受教育，并促进其自我转化，达到事半功倍的效果。

从前线转移到后方

【情境再现】

女生宿舍发生了一场冲突。小雨性格比较大大咧咧，生活习惯不太好，经常一个星期都不洗头，脱下的袜子到处丢。住在她下铺的小敏恰巧是有洁癖的，曾郑重地告诉舍友们不要坐她的床。这天小雨玩疯了，跳到小敏的床上打闹，把小敏的床铺弄乱了。小敏回来后很生气，就狠狠地骂了小雨，有些口不择言。小雨本是无意的，被骂得哭起来。女生们把这件事告诉我，意见分为两派，有说小雨不对的，也有说小敏过分的。一件小事却使宿舍气氛结冰，同时在班级里面隐隐形成对立情绪。身为一位男老师却要解决小女生的这种闺房事，我颇为无奈；而且这里面牵扯到女生内部本身的"小圈子"，恐怕我怎么说都不会真正服人心，甚至越管越乱……

【创意应对】

看着旁边正等待我"批示"的班长，我有了主意：为何不主动从前线撤退，转移到后方呢？于是我义正词严地将调解这场冲突的权力交给了班长：女生内部的事情你来解决，解决不了再找我！班长是女生，挺有信心地接下了这个任务。没多久，班长又愁眉苦脸地过来说，她和小雨的关系比较好，劝劝她是没问题的；但是跟小敏不熟，去批评她恐怕会被认为是偏袒，工作不好做啊。我告诉她两个办法：一是一定要公正，你的身份是班长；二是不要摆班长架子，交给你就是私下去解决，你不熟可以找跟她熟的人去说啊。班长领悟了，于是找了一个跟小敏关系好的女生帮忙。事情后来怎么解决的我没细问，反正看到女生们私下里嘀嘀咕咕一阵后，小雨和小敏就言归于好了，而且小雨改了些不好的生活习惯。

【教育感悟】

学生发生冲突后，教师冲在前线去解决，面对枪林弹雨，吃力往往还不讨好；不妨主动从前线转移到后方。要相信学生的智慧，学生解决学生的事，往往比教师解决得还要好。就算学生一时解决不了也没问题，当局者迷旁观者清，教师在旁冷静观察想的办法，一定比身在局中要更有效。更有价值的是，这也锻炼了学生解决问题的思维方式和能力，让班级能具有更强的自主修复能力。同理，让家长解决家长问题也是很有意思的解决思路。

（广州开发区外国语学校　张义豪）

一张纸解决争端

【情境再现】

这次的军训是初一、初二两个年级一起进行，因此在安排宿舍时，出现了一间宿舍住了两个年级学生的情况。在最后一个晚上，这个宿舍的学生间发生了严重的冲突。我班里的几个女生来找我说，初二的学生欺负她们了，故意在她们床上放箱子，还威胁要"教训"她们。我听了挺生气，告知初二年级级长后，和他一起找到那几个初二女生。谁知对方火气更大，说我们班的几个女生"嚣张"，经常骂人，是她们挑衅在先。双方火气都很大，据了解初二那几个女生还都是"刺头"。这件事情的双方都觉得被对方欺负了，不依不饶，我和初二年级级长的处理稍有不当，就会被认为偏袒或者打压某一方，很容易使事情往不好的一面发展，发生后继恶性事件。

【创意应对】

既然双方都认为自己有理，那就给她们一个摆道理的机会。口头的方式肯定会变成争吵，那就用笔头的方式解决问题吧！我制作了一张纸——争端事件解决纸，包括以下内容。

（1）事件的概述，包括：时间、地点、参与人员，事件的起因、经过、结果。

（2）对方有错的地方。

（3）我方有错的地方。

（4）我希望的解决办法。

我让双方参与人员都填了这张纸，然后将其召集在一起解决问题。这些纸收上来以后，我和初二年级级长都会心地笑了：我们之前问了很久的事情真相，都呈现出来了；我们想苦口婆心讲的道理，她们都替我们讲了；我们斟酌许久的解决办法，她们想得比我们还周到。双方都希望以对方道歉的方式解决问题，也承认自己有做得不对的地方，愿意向对方道歉。接下来的事情就简单了：澄清了事情缘由，互向对方道歉，并保证事情到此为止。没费多少口舌，气氛轻松地解决了这件事情，事后也没有再生事。

【教育感悟】

许多时候，在学生之间发生争端的时候，教师过于焦虑地去干预，甚至把自己的情绪带进去，反而让事情变得更复杂。教师讲道理讲得口干舌燥，学生仍是不为所动。教师做法官判决的方式往往比较武断，学生被迫接受，问题并未彻底解决，往往发生后继事件。

"争端事件解决纸"尊重学生的辩护权和意愿，启发学生展开自我反思，在此过程中实现自我教育。学生心悦诚服，教师省心省力，何乐而不为？

（广州开发区外国语学校　张义豪）

唤醒"至善至美"之窗

【情景再现】

上课铃声响了，我走进教室，一个学生来告诉我，橙橙被一个小虫子吓哭了。只见橙橙已经满眼惊恐，眼泪在眼眶中打转。就在我开口问原因那一秒，她向我崩溃地大声哭诉，要是让她大哭一场，估计这节课都不用上了，并且这件事也不会得到最有效的解决。

【创意应对】

于是我抢在她"开战"前说："我最近耳朵发炎，怕听觉不好导致没听清楚你遭遇了什么，你可以忍忍吗，一句一句说给我听，好吗？"孩子还是有同理心的，橙橙强忍着说完了。为了防止她哭诉完之后更伤心，我立马说："其实啊，咱们学校被誉为花园式校园，还真名不虚传。你看哈，早上我们会听到鸟叫声，中午小蚂蚁会从洞穴里爬出来找吃的，晚上又伴着蟋蟀的叫声舒服入睡……这美丽的校园不仅吸引了小朋友来读书，也把各种昆虫吸引来啦。"再瞧瞧橙橙，小眼睛眨巴眨巴地，听得入神。"因为地球是万物生灵的家，人啊、鸟啊、小虫子啊都有权利来到地球的每一个地方。人类拥有自由权，他们也一样哦。"橙橙果真平静了很多，因为我了解她是一个明事理的孩子。教育的最高境界不应该止步于此，能让这种"尊重"持续，联系身边真实案例唤醒"至善至美"才是重点。

接着，我把以前发生的"送小麻雀重生"事件一五一十地告知："那个时候，我同样是教二年级，正上着语文课，飞进教室的小麻雀不慎被卷进吊扇中，失去了生命，掉到一名女同学的桌子上。那时候，你的这位师姐和你一样惊恐。有一名男同学提议要给小鸟祈祷，祝福它能快点重生，最后我们把它埋在菜园里。所以说啊，每一个生灵都有权利在地球的每一处待着。当它来到你们身边，说明它喜欢你们，如果我们像和自己好朋友或者同桌一样友好地和它们相处，接纳它、爱护它，它得到尊重，我们也多了一位朋友，大家说是不是这个道理呢？"

教室里显得格外安静。

【教育感悟】

短短十来分钟的交流，打开了孩子们至善至美的那扇窗户。我们相信：每一个男同学的心里都住着一个英雄，都希望自己是那个拯救者。每一个女同学的心里也都住着一个白雪公主，都希望能用尽力气去保护弱小。这次的教育机智地采取"同理心+尊重"的方式处理突发的事情，巧妙地把"立德树人"贯彻到教育工作中。

（广州市黄埔区香雪小学　钟玉燕）

双胞胎印章的故事

【情境再现】

开学初，为了鼓励学生认真完成作业，我专门去买了几个可爱的印章，给每名作业完成好的同学都盖上一个小红花。但是过了几天，我突然发现放在盒子里的印章居然不见了。

【创意应对】

我想，一定是哪个学生觉得好玩拿走了。可又一想，或许是某个学生的表现达不到要求但也想得到老师的印章。丢了一个印章，不是最重要的，但因为我的麻痹大意纵容孩子走向不诚实的道路，就得留意了。我想拿了印章的学生肯定知道老师已经发现印章不见了，心里一定是忐忑不安的，如果这时我把事情扩大，可能达不到教育的效果。于是，我只是在班上轻描淡写地说了一句："我的红花印章不见了，算了，不印了……"第二天，我在给孩子们盖五星时，无意间发现有个孩子在自己本上印了好几个小红花。我的心一下子提了起来，但我不露声色地问他："这究竟是怎么回事？"他回答道："是我自己印的。"我笑着说："哇，你这印章怎么那么像我的那个呀？它们是双胞胎吧？可惜它的兄弟不见了。"他支支吾吾有点不好意思。第二天，在放学路上，我边走边和颜悦色地问他："今天谁来接你呀？"他告诉我说是奶奶来接，他还告诉我，红花印章是他拿的，并且承认了错误，保证下次再也不做这样的错事了。从这以后，这个孩子真的不再犯这样的错误，在其他方面的表现进步也很大。

【教育感悟】

看来，对待学生犯错，如果一味地去训斥，效果不一定好。给孩子留有思考的空间，在幽默中给他保留一点面子，让他认识到自己的错误，会得到意想不到的效果。细节，最能反映出一个人的修养。班主任在学生心目中的形象，不仅是无字之书，也是无言之教。作为在学校与学生接触最多的人，班主任在平时与学生的交流中要注意说话的细节，让学生感觉到你的善解人意、亲切友好，把你当成知心朋友。现在的孩子，自我意识很强，如果一味居高临下地说教，反而会引起孩子们的反感，达不到理想的教育效果。

（广州市黄埔区文冲小学　孔爱红）

小组反思法

【情境再现】

课间时，三个同学又一起出动找我告状，要求"换组员"了。他们义愤填膺地控诉学习小组内的另一个成员——小健，上课时总是用一些小动作骚扰他们，下课的时候讲话粗鲁无礼，时常挑衅……

听到这些，我心头一阵火起。这个小健同学是个比较"麻烦"的学生，行为习惯很不好，还有一定的暴力倾向，已经不止一个同学跟我投诉他了。我之前也找他谈过话，每次他的态度就是保持沉默，不反抗也不回应；有时我的话说重了，他甚至会用血红的眼睛直直盯着我。最近刚刚组建了四人学习小组，分组的时候就没人愿意跟他一组，我好不容易说服了副班长，插到他们组，谁知这么快新的矛盾又出来了。

【创意应对】

来告状的三个同学一脸信任地看着我，寄希望于我教训小健一顿，当然如果能把他调到别的组就更好了……而我的内心很清楚，老师批评一顿，他根本不在乎，小学时他就是老师办公室的常客了；把他调到别的组，那就是换了一组祸害的对象。该如何是好呢？

这时，我忽然想到行者行服务学习活动中经常使用的"小组反思法"，通过团队的力量帮助组员成长。我当即决定，开一次现场"小组反思会"。

我让人叫来了小健，让大家一起坐在办公室地板上，从这个角度上大家是平等而轻松的。然后我担任主持人，按照组员A、组员B、组长、小健、老

第六篇　管理巧思
——小小方寸显智慧

师的顺序依次发言。大家都就事论事，谈了小健给大家带来的困扰和自己的感受。发言的人可以向任意人员质询，其他人也可随时举手要求回应。我把控住现场的气氛，摒弃情绪化的表达，讲求语气真诚、实事求是。小健一开始紧抿嘴唇一言不发，后来头开始低下去。轮到他发言时，他突然出人意料地站起来，向其他组员表达歉意，并表示愿意改正。看到他的态度转变，我也顺水推舟对他提出了几项要求。其他组员也对他的态度表示满意，愿意继续跟他一个组。事情阶段性地解决了。

【教育感悟】

有些学生很"皮"，对教师的批评根本不在乎。如果教师意图凭借自己的威势迫使对方低头，可能会发生肢体冲突，甚至发生安全意外事故。但是再调皮的学生都有一种心理：他可以不在乎老师批评，甚至和老师唱反调，但他比较在乎自己在同学们心中的形象。因此，我使用"小组反思法"，通过同学的力量可以让其意识到班级舆论的压力。同时这种小范围的谈话、平等和善的环境，能让他感受到老师和同学的一片真诚，更加愿意接受意见，并做出改正。

（广州开发区外国语学校　张义豪）

找"痛点"

【情境再现】

初中的小男生总是精力过剩，不像女生，心智成熟较早，懂得控制自己的情绪，处事更沉稳。初中的男生，特别是初一、初二的时候，总喜欢在校园内追逐打闹，同时由于家庭背景的不同，有的学生喜欢骂骂咧咧，甚至很容易爆粗口。这使得男生间相处很容易由一开始的开开小玩笑，渐渐变成相互推搡，最后就发展成打架。作为班主任，我经常要面对和处理男生间的这些打架行为。

【创意应对】

不管是利用主题班会向全班强调打架的坏影响和倡导如何与同学和睦相处，还是单独对个别学生进行教育，都收效甚微，男生们总是隔三岔五就发生打架事件。后来我思考，口头上的教育和一些常规的处罚之所以没有太大的效果，是因为这些处罚对他们来说并没有多大的影响，触碰不到他们的痛点。那寻找他们的痛点就是我解决这个问题的关键。这个年龄段的小男生忘性大，他们之间并没有什么真正的矛盾，只是在玩闹中把握不好分寸，他们也不怕批评，但是他们很在乎面子。于是我制定了一条新的班规，就是如果两个男生打架，那他们相互道歉、冰释前嫌后要一起比心合照留念，并且这张照片要贴在教室后面的墙报上，见证着他们的友谊。这个新的规定实施后，他们还觉得很好玩，但是自从有了第一对拍照留念的同学后，大家就慢慢减少了这种打架冲突，或者当他们有矛盾的时候，班上的同学就会指着照片来提醒他们。

【教育感悟】

当学生犯错后，一味地批评并不一定能真正有效，我们批评学生通常是希望达到两个目的：①学生能够在被批评之后有所转变；②通过批评一部分学生震慑另一部分有潜在违纪风险的学生。因此找出他们共同的"痛点"是解决问题的关键。"痛点"的本质其实就是害怕，这是人类情绪中最有力的一种，它可以促使人们采取行动、做出改变。每个人都是要面子的，特别是这个年龄段的小男孩，他可能不介意你说他和一个女同学亲近，但是他不愿意别人说他和一个男生很亲近，所以这种见证他们"友谊"的照片就能很好地刺激到他们的痛点，幽默地提醒他们把握好玩耍的度，从而达到良好的教育效果。

（广州市第八十六中学　朱励君）

第六篇　管理巧思
——小小方寸显智慧

主动交"底"

【情境再现】

上一周物理小测后，物理老师来告诉我，Z同学在收卷的几秒钟内扭头看后面同学的卷子，并飞快地在自己卷子上划掉一处。这个Z同学平时的作业和小测大都是优秀，正式大考却总是很糟糕，家长和老师都百思不得其解。虽然上一个学期另一位老师也曾怀疑他考试抄袭，但并无证据，因为该同学每次都是斩钉截铁地否认——歪头表无辜，言语证清白！

Z同学的父母很刚正，对孩子的教育是爱之深责之切，从小要求她听话懂事，于是当无法调节父母要求与自己内心世界的矛盾时，她学着伪装，久而久之甚至连自己也骗了。成绩的不理想加重了她伪装的愿望，于是有了以上这一幕。

【创意应对】

第一步：热切关心

师："月考后，你的父母都来了，你还记得当时自己的分析吗？"

生："自己课上会走神，课下没有及时巩固，不懂的也没有去问老师，问题就越堆越多，和同学们的差距也越来越大。"

师："那经过这几个星期的学习，觉得如何？"

生（回顾并分析）："上课能跟上老师的节奏，效率提高了。课后也有去复习，作业完成得比以前顺一些。"

第二步：趁热打铁

师："这样很好呀！昨天物理小测难不难？"

生："还好。"

第三步：用事实说话

师："你每次小测和作业都挺好，老师都表扬你了。可是，你回想一下，大考是不是都没考好呀？有没有分析过原因呢？"

学生低头，不语。

第四步：直击要害

Z同学其实很聪明，她明白老师"意有所指"，只是自己心里那一关过不了，怕被耻笑、被责备。所以我耐心地替她分析："小测和作业的作用就是方便你们自己查漏补缺，方便老师掌握情况并有针对性地帮你们解决问题。有问题越早暴露出来对你们越有利，因为学生就是不会才要学呀，作业不会写也是正常的，从不会到会就是成长的过程呀！平常作业和小测都很完美，老师就会认为你都懂了，不需要被过多关注，但如果你其实还有好多问题堆积着，这是自己吃亏了。如果一直这样，持续到中考，可能就为时已晚了。作业和小测总是完美，大考总是不理想，一次两次还能理解为心态不好，发挥失常，但一直如此，就要正视自己，思考问题所在了。"

最后，Z同学自己艰难地说出了实情："平时的作业，尤其是最不擅长的理科，遇到不会的，打着讨论的名义问同学，事后没有去想解题过程。有时候小测会问后面的同学，慢慢就习惯了，所以大考才会有这么大的偏差！老师，我知道物理老师也在暗示我，我虽然害怕，但明白总要面对的……"

【教育感悟】

Z同学能主动说出事实，批评的目的已经达成——帮助她正视自己，正视问题，才有可能用行动来解决问题！学生是成长中的人，多从体谅和帮助的角度去看待学生的问题，也许会更容易找到解决问题的办法，让事态在"通向解决的途中"自然平息！

（广州市黄埔区天健学校　尹　琳）

解锁班级管理的"水密码"

【情境再现】

某天，班里的"刺头君"又在上课时间呼呼大睡，这可气坏了上课的老师，一场"暴雨"就此侵袭了他的座位。"刺头君"被老师惊醒了，满脸通红的他不仅没有意识到自己的行为是错误的，已经影响了上课的正常秩序，反而觉得在全班同学面前丢了面子，竟然公然跟老师叫起板来了。

任课老师很快找到了身为班主任的我，新接手班级的我平时对"刺头君"一向是以说服教育居多，可他迟到、上课睡觉等不良行为丝毫不见改变，反而愈演愈烈，这一下子让我陷入了深深的苦恼当中。

【创意应对】

苦思冥想了一番，我决定先向班里的学生了解情况。出乎我意料的是，班里的学生对"刺头君"的印象并不坏，反而对其非常信服和认可，就差"掌声响起来"了。原来，此君平日里跟同学相处得十分融洽，可以说拥有很好的人缘，同学有些许小事请他帮忙，他也总是不厌其烦地解决问题。我大跌眼镜的同时，也在反思，是否自己平时留意不到某些学生身上所具有的"特殊的魔力"呢？

我深知，强硬的态度对他来说是不起作用的，甚至可能会适得其反。那么，既然不能用"戒尺"去剃平"刺头"，可不可以运用更为融通和灵活的方式应对呢？针对他在班里的"威信"，我想先给他找点活干。针对班里近期的卫生情况，我有了主意。

我装作十分苦恼的样子，课后主动地向他诉苦："班里的卫生情况总是不太好，很多同学随便扔垃圾，桌面杂物也不整理，你一向有主意，不如给老师提个建议。"他一听，眼里显现了亮光，但很快又黯淡下来，他说自己也没有办法解决。我又说："老师觉得你的管理能力不错，同学们也比较信服你，你愿不愿意来当班里的劳动委员，帮助老师一起搞好班里的卫生？"他一开始嘴上说不愿意，但我看得出他的内心还是想尝试一下的，便进行了反复的劝说，最后他终于答应了。

我趁着这个机会，继续深入。我告诉他，我把自己认为最重要的工作交给了他，希望他在上任一开始，每天都能比平常提早10分钟来监督值日生打扫卫生。"老师，我，我尽量吧……"他点了点头。"不，是一定能行。"我用肯定的语气回应他。

此后，虽然他偶尔还是会迟到和在课上犯困，但是，有了"劳委"的头衔，他也认识到要给同学做个表率，于是开始每天都尽早来，认真检查班里卫生区。看到值日生有做得不好的地方，他也会主动上前提醒，下午放学总是最后一个离开教室，因为要检查完所有区域，他有时还会留下来把值日生未打扫干净的区域再次清扫一遍。在学习上，"刺头君"也开始能主动听课了，有时遇上老师提问还会应答几句。我在内心窃喜，对他的信任终于见到了回报。

【教育感悟】

柔能克刚，攻强莫水。有时，教育学生要有水般的融通灵活，既要包容一切，又要迂回婉转、依性而为，这才是班级管理的"水密码"。面对"刺头"，当你不能正面突破的时候，不妨选择避其锋芒，有时用最柔软的东西反而能触碰他的弱点。永远不要站在学生的对立面，有时尝试着走一段与目的背道而驰的路，以退为进也挺好。先把信任和爱给予学生，让"拳头"打在"棉花"之上。火遇水而灭，人也如此。

（广州石化中学　谢秋怡）

第六篇　管理巧思

——小小方寸显智慧

美化大师

【情景再现】

国庆放假回来，一堆女生簇拥着三个女生，原来小希、小颜和小静的指甲染上了漂亮的糖果色，其他女生正围观着，一脸羡慕。我心想，现在都高三了，这三个女生竟然还有心思去扮美涂指甲。而且这是严重违反校规的表现。

【创意应对】

几天之后，我有幸到江西九江一中参加培训学习。金秋十月，道路两旁满是金黄色的银杏叶子，美极了。女同事们要我帮她们在这美不胜收的景色前面拍照。我们一起欣赏照片时，旁边徐老师说："哇，韩老师，你的指甲颜色好漂亮哦！"我望过去，淡雅清新的粉黛色，甚是漂亮。"爱美之心，人皆有之嘛！"韩老师说道。

一句"爱美之心，人皆有之"让我想起了涂指甲的三个女生。是啊，青春期女生的爱美心态是何等的正常。回去之后，我立刻找到她们三个人，把培训期间在纪念品店买的三副银杏叶耳钉送给她们。"好漂亮啊！"她们一脸惊喜。

我心平气和地对她们说："上次你们涂指甲，想必很爱美，没事，爱美之心，人皆有之。但是学校的校规我们还是得遵守。现在，老师送你们耳钉，你们可以留到毕业以后再戴。"

她们听完之后，点头表示同意。我继续说道："我发现你们三个人平时很注意形象，仪容仪表干净漂亮，想必审美不错，这样吧，你们三个也帮我们班美化一下吧！"说完，我拿出一袋我从江西带回来的银杏叶子放在她们面前。

"好漂亮的银杏叶子！"她们兴奋得大叫。"是啊，以后你们三个就是咱们班的美化大师，可要想办法把这些银杏叶用来装饰我们的班级哦。"我郑重任命道。她们三个对这项工作很感兴趣，一个星期后，班级后面的墙上便有了摆成心形的银杏叶子，还能看到用叶子做成的蝴蝶装饰着教室的各个角落。

看着班级漂亮起来了，我也顺势在班上表扬了这三个同学，并正式聘她们为班级的美化大师，还搞了个小小的聘用仪式。三个女生喜笑颜开。由此延伸开来，我又在班级强调：银杏叶象征着和谐和守护，那我们如何共建和谐班级并且守护我们的班级之美呢？同学们积极讨论出来了班级之美的三个方面：班级环境之美，班级文明之美，班级和谐之美。后来，我引导并组织学生把班级名字定为"银杏班"并把银杏班三美的具体内涵和要求张贴在墙上。而"三人帮"因此不仅成了班级的美化大师，也成了"班级三美"的维护大师。

【教育感悟】

每一个学生，心中都有一个独特的世界。尊重这个世界，了解这个世界，欣赏这个世界，你才能融入这个世界，并把这个世界塑造成更美的世界。

（广州石化中学　朱小彤）

特别的课堂对话

【情境再现】

一次上课时，我组织了一些学生活动，大家热情都很高，但是在这个过程中出现了一些不遵守纪律的现象。当时我有些生气，就停止了活动，然后停了两分钟没有讲话，就默默地站在讲台上，情绪很不好。这时学生也不讲话，意识到了我情绪的变化。下课后，几个男同学主动来找我道歉，我心里也感觉到一些温暖，觉得孩子们还是懂事的。

【创意应对】

在情绪不好的时候，内心活动比较丰富。我本来想干脆教育学生一下，叫他们遵守课堂纪律，但是又觉得这样做好像不会有效果，而且都是初中生了，这些话他们肯定听过很多遍，所以我最后还是什么话也没讲，停了两分钟又继续上课。后来我觉得这件事虽然不是什么大事，活动也继续进行下去了，但是这对学生习惯的养成还是很重要的。于是，当天晚上我就想了个解决办法。我觉得既然学生能主动来找我道歉，说明他们还是懂是非、明事理的，于是我就给他们写了一段话，内容如下。

亲爱的崽子们：下面是我想和你们讲的一些悄悄话。昨天我有些生气了，可能这也让你们有些害怕，但其实在我生气的那两分钟里，我也一直在想要不要对你们说些什么，想来想去最后还是什么也没说。因为我觉得你们是懂事的，很多话我也不想再翻来覆去地说。我常常觉得你们很可爱，甚至在和朋友聊天时也会说起你们。让我生气的是你们，治愈我的也还是你们。我真的很希望大家能够在物理课堂上有所收获，希望大家能够集中注意力于知识本身，但是这不是我一个人希望就够了的，这需要我们每一个人去努力营造良好的氛围。也希望大家有问题能及时来问我，我很想和大家一起取得更大的进步，希望我们能相互陪伴。最后想说，我很爱你们，尽管生气也很爱你们。

在第二天上课的结尾，我放给他们看，然后就离开了教室，听到孩子们还说"老师好肉麻"。但是我知道，他们是读进去了这段话的。后来再上课的时候，课堂纪律也都很好。

【教育感悟】

有时候所谓"爱的教育"也是有很大效果的，要让学生知道你是爱他们的，而不是只会一味地责备。爱也需要表达，学生才会理解爱是相互的，他们不会让你的爱落空。所以偶尔来一次"特别的课堂对话"，也许更能促进良好师生关系的形成。

（广州石化中学　张　楠）

论有色眼镜的功效

【情境再现】

有段时间，我们班有的女生受社会影响爱戴"美瞳"眼镜，而且有向全班其他女生蔓延的迹象。

【创意应对】

在班会上，我对全班同学说："近期据男生们反映，女生们老爱'色眯眯'地看男生，使男生们特感害羞。"此时，所有的学生都把目光投在我身上，挠头表示不解。我接着说："男生们投诉某女生偏爱戴隐形有色眼镜来看他们，所以特气愤！我先解释何谓有色眼镜，是比喻看待人或事物所抱的成见。综上，隐形有色眼镜的特性可见：第一，女生戴隐形有色眼镜，在我们班男生不知情的情况下，把我们班25名男生，从青春活泼看成老态龙钟，少年看成老头，黑发看成白发，高看成矮，帅看成丑，好人看成坏人……唯一好的是，胖看成瘦。所以，当敏敏戴着隐形有色眼镜无意在区董身边一站，区董就大为紧张，接着就大大地有意见！第二，女生戴隐形有色眼镜，问题就来了，男生反映女生都很'色'地看着他们，使得他们有点不自在！女生'色眯眯'的，让人觉得居心叵测！综上所述，女生戴隐形有色眼镜，会带来一连串的问题。"我的话还没说完，下面就哄堂大笑，戴"美瞳"的女孩子们都低下了头，悄悄地摘下了隐形有色眼镜。与此同时，我把报纸上《戴美瞳的危害》的报道张粘出来，此后再没有发生过此类问题！

【教育感悟】

幽默，给人们带来的是欢笑，是放松，是教师与学生沟通的有效方式。世界上有人拒绝痛苦，有人拒绝忧伤，但绝不会有人拒绝笑声。在学校的教育工作中恰当地使用幽默，可以使教育学生不再那么刻板，它所带来的笑声，会化成一股生生不息的教育力量！

（广州石化中学　朱穗清）

我是戏精

【情境再现】

学校下发了手机管理协议，不允许学生将手机带进教室。班会课上，每名同学都签名承诺保证遵守。第二天，我将同学们的签名承诺贴在宣传栏，并写了几句温馨提示："同学们可都是签名确认了的，日后要合理使用手机，不要难为一直心疼你们的班主任。"结果今天来到班上，看到一群同学围在宣传栏前哈哈大笑，我走过去一看，原来是我的温馨提示后面多了一句评论——"继续演吧，你是影后！"

【创意应对】

刚看到这句留言的时候，我觉得既生气，又难过。一方面，自己确实是真心为学生好，希望他们合理使用手机，得到的却是学生的误解；另一方面，这宣传栏前每天人来人往，很多学生都看到这句留言了，不知道他们如何看待我。想到这里，我特别想查出究竟是谁做的。不过从字迹和同学们的神情中我也有所判断，应该是前两天因为在课上玩手机被我狠狠批评过的小文同学。我正想发火，突然想起了"乱发脾气是最无能的表现"这句话，我深呼吸默数1、2、3，控制住了自己。在平复情绪的时候，我突然灵机一动，拿出粉笔在评论后面写上"不不不，我是戏精"。这一写，又引得围观同学哈哈大笑。大家笑完回到自己的座位，开始新一天愉快的学习。下课后，我主动找小文谈心，原来他确实是因为之前的事情对我心存怨恨才写下这话激我生气。他说，本以为老师会大发雷霆，结果没想到老师这么宽容，这让他更觉得对不起我。

【教育感悟】

比起怒气冲冲地质问，这种幽默的处理方式更能显出老师的大度与宽容。简单的一句"自黑"，既化解了自己的尴尬，又保持了师生关系的融洽。

（广州石化中学　林洁霞）

听不见也是一种力量

班里有一个学生，仿佛毫无价值感和追求，一副生无可恋的样子，什么也不在乎，什么也不在意，无论老师们怎么说都无动于衷。据说他妈妈还让他去工地做了一天苦工，他回来还是这般无所谓的模样，老师都拿他没有办法。有一天，我发完卷子，他不仅没做完，还无视我的要求，连基本的礼貌都没有了。

【创意应对】

我知道打骂对他都是没有用的，于是我请他到讲台上来。过了三分钟，他还没动，不管你说什么，他全当听不见。我知道他最不想被留堂，我也从没有留过他，就告诉他写不完放学要留堂。他百般不愿意，才按我的要求来到我面前写起了课堂练习，这个过程也是磨磨蹭蹭。他做完后示意我，我还在忙着批改其他同学的练习，就没有及时回应他，他便直直走回了自己的座位。我突然想趁机好好治治他，便再次请他上来，并且假装听不见他的任何话语，任由他请求。最后我询问他："你叫老师的时候老师没有回应你，你感觉怎么样？"他不说话。我表示只有他配合回答我的问题了我们才能一起放学。他慢慢开始愿意开口了，眼神愿意看向我了。我借机心平气和地和他说，平常老师和你说话你不回答的时候我们的感受是一样的。最后我让他能听我口令快速地完成站直坐下的动作，明白了什么叫回应，我才放他回家。第二天，他开始和我打招呼了，课堂上我点他名字，他也能快速回答我了。后来我找机会安排他做数学小组长，听他妈妈说，他回家说到这个事情非常开心，开始慢慢对上学有了期待！

209

【教育感悟】

有时候不一定要对学生进行长篇大论的说教，可能让他换位体会自己的行为所带来的感受更加有效。教育是一门功课，有教无类，抓住教育的契机和学生的特性非常重要，"以其人之道还治其人之身"。

（广州谢家庄小学　周艳婷）

角色扮演，打败"低头族"

【情境再现】

我刚接手一年级（2）班，观察了一段时间，发现很多孩子在完成课堂作业和上习字课时，都喜欢弯着腰，低着头写字，而且无论我怎么提醒都无济于事。这让我非常着急。

【创意应对】

1. 召开班会，认识"低头族"

通过了解和查阅相关资料，我精心制作了打败"低头族"的主题班会课件。

（1）通过图片，认识"低头族"。

（2）通过视频，了解做"低头族"的危害。

（3）头脑风暴：怎样打败"低头族"。

2. 巧用口诀，提醒"低头族"

每次课堂作业和下午的习字时间，我都非常细致地观察孩子们的坐姿，并到处走动，不断提醒孩子们"三个一，要做到"（"三个一"：眼离书本一尺，胸离桌子一拳，手离笔尖一寸）。孩子们听了后，会有意识地调整自己的坐姿。

3. 角色扮演，打败"低头族"

主题班会和不断提醒虽然对孩子保持正确坐姿有一定的效果，但还需要我反复提醒。那天下午习字时间，我看着有好些孩子又开始弯腰低头，刚想张口提醒，却突然想到：一年级的孩子，对具体、形象化的事物记忆更加牢固。于是我找来一根扫把棍当拐杖，一瘸一拐地从后门走了进来。我一边走一边用余光观察着孩子们的变化，孩子们都齐刷刷地看着我，眼神里充满了疑惑。于是我趁机语重心长地跟他们说："孩子们，如果你们坐姿不端正，将来就会像我这样弯腰驼背，你们想吗？"孩子们都回答说"不想"，并主动地调整好了自己的坐姿。从那以后，我发现孩子们的坐姿都比较端正了。

【教育感悟】

正确而优雅的坐姿是一种文明行为，也是良好的学习习惯的一个重要体现。而学生保持正确的学习姿态不仅有助于学习过程中注意力的集中，也能保护眼睛和身体各个部位的健康发育。而且长期保持一个挺拔的姿态，有助于增强孩子们的学习自信心。

（英德市第七小学　杨　洁）

211

创造契机，静待花开

【情境再现】

小逸，男，7岁。纪律较散漫，比较懒惰，日常行为习惯欠佳；学习目的不明确，缺乏兴趣，听课精力不集中，作业不能认真做，三天两头不交作业；缺乏学习进取心，比较随意，比较贪玩；上课总是捣乱，爱跟同学打闹，开学第二天就把隔壁班一个男孩子的眼镜打烂了。但他思维活跃，说话老练，是我们说的聪明孩子，我想尽可能地挖掘他的潜能。

【创意应对】

1. 静观其变，保护自尊心

我倾注耐心，尊重小逸的人格，用平等关心的方式对待他，不厌恶、歧视，不当众揭丑，不粗暴训斥，不冷嘲热讽，不变相体罚。我静静地观察他的一言一行，用人格的力量去启迪他的心灵，用爱心去融化他的"心理防线"，

第六篇　管理巧思
——小小方寸显智慧

让他慢慢感受到老师对他的态度与爱。

2. 创造契机，树立自信心

了解、掌握他的具体情况后，我通过个别谈话、沟通家长、表扬鼓励、正面疏导、指明方向等方式对他加以引导。例如，他在语文课堂作业能按时交，写字比以前认真，成绩稍有进步，上课坐端正了，我就以此作为教育转化的突破口和推动其前进的动因，马上在班上对他进行表扬，同时让班上的孩子给予热烈的掌声，以此来树立他的信心。

3. 多方协调，全面提升

在他有了一点进步后，我就对他进行系统的教育，不断地调整方法。我与科任老师密切配合，步调一致地对他进行思想教育；从他的行为习惯抓起，使他养成良好的行为习惯和学习习惯。当他取得一定的进步后，我再给他定一个更大一点的目标，然后鼓励他努力去实现。如此反复。

4. 肯定进步，静待花开

212

经过大家的努力，小逸在一点点地进步，我们第一时间肯定了他的进步，并继续对他进行鼓励教育，他也越来越有信心了，我们静待花开。

【教育感悟】

7岁的孩子就像一张白纸，需要我们为他添加色彩。每一个孩子都是一个独立的个体，作为班主任，对待学生，要了解其个性品质和能力的潜在性，尊重其自身的差异性，激发其进步的主动性，给孩子创造契机，静待花开。

（英德市第七小学　杨　洁）

走心，才能生效

——0.99的n次方和1.01的n次方

【情境再现】

英语老师在办公室就作业完成的质量问题和A同学沟通，随后A同学又被语文老师叫过来说作业完成的质量不是很高，A同学笑着说"我已经完成了呀"。

【创意应对】

听到学生A和两位老师的对话，他"已经完成了"，也就是说不是作业数量问题，而是质量问题。"已经完成了"可以等同于"严谨认真地完成了"吗？毫无疑问，"做完了"不等于"做好了"，这是两个完全不同的概念。如何让学生真正认识到目前的问题呢？等两位老师和A同学谈完之后，我把他请到一边，安排他帮忙计算两个算式，0.99^{10}和1.01^{10}的结果分别是多少？他算着算着，说："老师，好难算啊！"我温和而笃定地说："题目不难，耐心算就好，算准确。"算完之后我问："结果怎么样，两个式子的差别如何？"他说："差别有点大。"我说："如果0.99的365次方和1.01的365次方呢？这差别又会如何？这意味着什么？"他想了一下，笑着说："老师，我懂了，下次我会认真做好作业并订正的。"

【教育感悟】

高中的学生思想日渐成熟，领悟能力也比较高，但在自我认知方面还未真正成熟。在出现的问题面前，直接对学生说大道理和严肃批评有时候适得其反，因为很多道理学生基本都懂得，只是不能清楚地认识到"我做了"与"我做好了"之间的差别。

走心的教育，往往可以起到四两拨千斤的效果。

（广州市天河外国语学校　廖敏玲）

第六篇　管理巧思
——小小方寸显智慧

"绰号"惹的祸

【情境再现】

开学初的一天，班里的同学匆匆地跑进办公室告诉我："老师，打架啦！打架啦！"我急忙跑进教室，只见小宇和小华死死扭打在一块儿，听见有同学喊"老师来了！"才被身边的同学拉开了。他们一见到我就开始大声地指责对方，周围的同学都望着我，看我如何处置他们。

【创意应对】

我站在他们面前看了看，轻轻地拍了拍他们的肩膀，问道："打伤了吗？需要去校医室检查一下吗？"当确认他们的身体没有问题后，我让他们跟我进了办公室。

我没有急于批评他们，而是让他们分别想一想刚才事情发生的起因和经过（这是一个反思的过程）。小宇话多、调皮，喜欢捣乱，得了一个"贱宇"的绰号；小华同学体型较胖，有些自卑，小宇给他起了个"华大胖"的绰号。刚开始，两个孩子还是相互开玩笑，但说着说着，不知怎么就上了火，吵了起来，并动起了手。当他们心情逐渐平复下来，语气平和时，我趁热打铁，让他们换位思考，如果是自己遇到这种情况，他们会做出怎样的举动。很快，他们便承认自己不应该冲动地动手打架。接着，我和他们分析了给他人起绰号的利弊。叫他人不雅的绰号是一种不尊重他人的行为，我们应该善于发现他人身上的优点，送给同学一个文雅、别致且能够被接纳的绰号。在我的引导下，孩子们切身体会到别人的内心感受，对不同性质的绰号做出判断与取舍。最后，我安排了一个"对不起"环节，两个孩子握手言和了。

之后，就起绰号这一问题，我专门在班级中召开了一节主题班会，让所有同学都学会如何正确处理起绰号的问题，班上也没再出现类似的矛盾了。

【教育感悟】

面对因"绰号"引起的矛盾，一味批评和简单地堵，只会让矛盾激化，而正确引导孩子切身体会他人的内心感受，对不同性质的绰号做出判断与取舍，就容易被孩子们理解和接纳了。

（广州市黄埔区港湾中学　谢宝琴）

不能低估的影响力

【情境再现】

每个班里都有那么一些"出众"的同学，他们不在乎家长的言语、老师的教诲，每天迟到依然，作业缺交照旧……让老师们头疼不已。高二时，我接手了这样一名"顽固"的同学小童。我发现这名同学很聪明，但是"毛病"多，最突出的是作业问题，给面子迟交，不高兴不交。我找他谈话、讲道理、罚扫地、罚跑圈，找家长数十回，可是每次一出办公室门口，他的"毛病"又归位了，家长和老师的教导收效甚微。有一天，我布置了一道简单的数学题，第二天缺交作业名单上就只有他，顿时一把火在我心中烧起，真想立刻停他的课，让他好好"回家思过"。

【创意应对】

经过十余次的"交战"，我对他也有了些了解，他自认为自己脸皮厚，不在乎老师的教导，也听不进家长的话。但是通过平时对他的细心观察，我发现他挺在乎自己在同学中的形象，也很在乎同学对他的评价。我想既然谈话、惩罚无果，何不发挥一下班上其他同学的力量？于是，在班会课上，我对着全班同学把小童同学的情况说了一遍，并且说："如果你是班主任，你觉得是让小童继续影响班集体，还是让他'回家思过'呢？不论哪种，请写一句你最想对小童说的话送给他……"课后，我还在办公室筛选这些纸条时，门开了，小童迫不及待地进来，问同学们写了什么给他。于是我把筛选出的十多条有教育意义的纸条递给了他。他一言不发，默默看完每一张纸条后说："老师，我知道以后该怎么做了。"从那以后，小童同学确实改变了很多，学习也非常努力认真，最后考上了一所师范大学。

【教育感悟】

高中处在叛逆期的孩子，不爱听父母的，也不愿听教师的，但是他们大部分很在乎同学对自己的看法，充分利用好不可低估的"其余"同学的力量，能够改变很大一部分同学，甚至让他们成为优秀的学生。

（广州石化中学　黄志君）

举重若轻，给予学生满满的安全感

【情境再现】

开学第二周的星期一，14：05，我接到某学生家长的电话，以下是对话过程。

家长语气非常着急地说："廖老师，小A刚才打电话给我，说要马上回家，叫我去接他。"我问原因，家长说："小A和生活老师发生了一些冲突，说学校像监狱一样，要马上回家。"

【情景应对】

小A是班上一名学生干部，热情开朗，工作一周，很认真负责，而且对工作的思路和细节很有自己的见地。我挂了家长电话后，在一楼找到小A，他正再一次打电话给家长。我站到小A身边，他看起来比妈妈描述的状态要平静一些了，但还是有情绪的。我拉着小A的手问他现在感觉如何，他说"没事"。我说："没事就好，咱回老师办公室坐坐？"我们一起回办公室，小A一直低着头走路，一路不语。

坐下来后，我给小A拿纸巾擦了汗，问了几个问题，确认他是否还坚持要回家。小A保持沉默。我说："今天下午班上有关于生涯发展的主题班会，还有个致谢的环节，你留下来可以参与；你想回家，可以缓解一下自己的情绪。都挺好。不管你是回家，还是留下来，廖老师都支持你。"最后小A还是坚持要回家，于是我给他批假。小A回去后，我给家长打了电话询问情况。家长一接电话就说："廖老师，孩子在车上情绪稳定很多了。而且他很惊讶，以为班主任会骂他、批评他，结果老师什么都没有说。"

小A第二天很准时回校，状态也挺好，这件事情就这样过去了。后来才知道，小A在初中和老师的冲突比较多，长期比较紧张的师生关系给了他先入为主的影响。

【教育感悟】

解决此类问题的关键在于，让孩子有足够的时间和空间释放情绪，而不是责骂。在自我调整的时间和空间中，自己调节了情绪，消化了事实，也反思了自己存在的问题。后续家长的反馈，证明了这个方法是有实效的。

（广州市天河外国语学校 廖敏玲）

217

第一方视角

【情景再现】

一天，一名同学递给我一本班级图书角的杂志，说："老师，这里不知道是谁给弄成这样了。"我一看，好好的一幅艺术人像画竟然不知被哪个调皮蛋好好地修容了一番！

【创意应对】

我把这幅画复印了一份，在班会课上向全班同学展示了这幅经过二次创作的作品。不出所料，看到滑稽的图画全班同学都不约而同地笑了。于是我拿着这张复印画笑着说："从大家的反应可以看出，进行二次创作的同学非常有创意，下面还有没有同学有自己的创意的，请上来在这张复印画上给我们展示一下。"说完有同学跃跃欲试了，但是又有些迟疑，我用鼓励的眼神望着

第六篇 管理巧思
——小小方寸显智慧

他……

　　一名同学带着笔上来了，接着第二位，第三位……台上的几名同学越画越兴奋，一边讨论一边创作着，台下的同学见状纷纷带着好奇和兴奋望向讲台。过了几分钟，我喊停，台上的几名同学终于完成了他们的作品。我再次给全班同学展示，有同学笑了，有同学表情凝重。于是我问："大家觉得画得怎么样？"有同学起哄式地回答："画得非常好！"有同学说出自己的感受："虽然同学的二次创作很有趣，但是我在看书的时候还是想看到原图。"他刚说完，起哄的同学安静了下来。接着有更多的同学表示自己在看书的时候不希望看到书本有其他的笔迹，这样会严重影响阅读和观感，感觉很不舒服。看到台下一张张小脸蛋上若有所思的表情，我欣慰地笑了笑，觉得同学们已经意识到他们的错误了。

　　【教育感悟】

　　本事件的中心思想是以娱乐作画的方式代入同学做不正确的事的第一方视角，是让同学们纠正自己行为上的错误。娱乐性地指出错误，可谓一石二鸟，没有让同学讨厌的老师教育的语句，却能让同学们在哄堂大笑中发现自己做错的地方。

（广州石化中学　李春雅）

一场戏

　　【情境再现】

　　学校在教室旁装了台饮水机，但有些学生图方便，直接用饮水机的水洗手洗脸，造成浪费。于是学校就在饮水机旁贴了一张温馨提示："此为饮用水，请勿用来洗手！"提示贴出去第二天，就发现"勿"字被人撕掉了，变成："此为饮用水，请用来洗手！"惹得班上的学生窃笑不已。有老师很生气地发牢骚，"现在的学生啊，太没有规矩了，学校贴的提示都敢随意改。"确实，谁胆大包天，乱改学校请广告公司制作的标牌？简直是无视校纪校规。问了几个学生，都说不知道，调查起来难度太大，而且孩子可能就是开个玩笑而已，真要查出来严加惩处也没必要。于是我就打印一个"勿"字补上，并在下面加贴了一张标语——"爱护公物，文明你我"。有这八个字提醒，学生总该明白吧，撕标语就是破坏公物的行为。果然，过了一个学期标语都再没有被人撕掉。但是下学期开学没多久，一天下午放学，我发现贴上去的"勿"字被人撕掉了，第二天早上又发现"文明你我"也被人撕掉一半。我还没来得及处理，到上午第三节下课我发现连教室门口布置考场用的温馨提示"请勿携带手机等违禁物品进入考场"也被人刮掉"请勿"，变成"携带手机等违禁物品进入考场"。

【创意应对】

我真是火上心头，这人真是胆大包天，赤裸裸地挑衅啊！我真恨不得揪出这个人来臭骂一顿，找家长来教育，还要赔偿公物。可是我再一想，调查耗时耗力，还会让学生之间产生矛盾，毕竟谁会喜欢被"出卖"呢。即使揪出来了，也就说教一通，写个检讨什么的，叫家长来骂一顿，并不能让学生真正认识到自己的错误，以后别的同学也可能再犯。如果有办法让做"恶作剧"的孩子自己认识到错误，自发去改正，还能顺便教育全体同学，那是最好了。

冲动是魔鬼，越是生气的时候越容易犯错。这个学生如此接二连三地恶作剧，看来就等着看老师如何处理呢，如果按常规方式找出来批评教育一顿，肯定没效果。他敢做这个事，肯定就知道后果。难道他在向我释放某种"信号"？于是我计上心来。我先按兵不动，正常进出教室，当作没发现。

中午刚好轮到我看午休，我先照常进出，填写值日记录，然后回办公室。过了一会儿，等全部同学都回到教室安静下来了，我又折回教室，带着疑惑的口吻问了一句："我收到信息说有同学要找我，是谁啊？"同学们都抬头看看，顺便环顾四周，没人出声。我又加大音量："是谁要找我啊？"同学们你看我，我看你，有的在摇头，有的在好奇。班上有几个活跃的同学忍不住了，问："老师，你说下你收到的信息是什么。"就等着这句话呢，于是我说："我从昨天到今天收到三次信息，第一次是昨天放学后，饮水机的标语被这个同学去掉一个字；第二次是早上，标语下面的文明提示又被撕掉一半；第三次是今天第二节或第三节课下课，教室外面的考场标语被刮掉两个字。我先说下抱歉，我这两天太忙了，第一次信息来的时候，我没来得及处理，结果这名同学就接二连三地发，所以我中午赶紧来问一下。你的信息我已收到，不用再发了。有什么事请直接找我，我现在有空，或者周二、周三上午，平时放学也行，欢迎来找我聊天。不用采取这种极端的方式，请直接告诉我就行。"下面有同学开始议论了，有的同学小声说："谁这么不文明，真是给我们班丢脸。"也有人问："老师，你怎么知道做这个事就是要找你呢？"

"任何行为背后都是有原因的，这个同学释放了信号，我想他大概是最近遇到什么难处了，和同学产生矛盾？和家人发生矛盾？学习上遇到困难？个人感情问题？"我半开玩笑地说着，下面有同学开始笑了起来。"任何情绪的发泄都不能破坏别人的生活，破坏公共秩序。思想上有波动很正常，大家都会有松懈或者感到无聊、无望的时候，请同学们通过找同学、家长或老师聊天，看书，写日记，体育锻炼，等等方式来疏解，而不是用破坏公物这种不恰当的方式来宣泄。"

"修改标语的那位同学，你看看，我们有同学按照修改后的标语做吗？大家都是非分明，意志坚定，都知道这个改后标语是不对的。你改了，只不过博大家一笑而已。不过我想以后我们真的能把标语撕掉，不是只撕一个字，而是全部撕掉。"下面同学露出奇怪的表情，不可思议地盯着我，我停了几秒继续说："等人人都自觉遵守这些行为规范，举止文明，就如同每天起床穿衣、刷牙一样，自然而然完成，而不是还要标语去提醒，那个时候，我们再把它撕掉。同学们，大家一起努力，举止文明，行为高尚，共同创造1班文明的环境，好吗？"下面同学露出恍然大悟的神情，有些同学喊："好的！"

"哎呀，那个释放信号找我的同学，这次我想你是学习或生活中遇到什么难题了，如果自己调整不了，欢迎来找我倾诉，我会尽我所能帮你。"说完，我就回办公室了，临走时发现教室后面有个同学低头伏在座位上。

午休结束后，我又去饮水机旁，发现被撕掉的字贴回来了。下午放学后，一个背着书包的男生不好意思地来到我办公桌前……

【教育感悟】

当学生犯错误的时候，我们常常会被愤怒冲昏头脑，一顿劈头盖脸地批评。单纯地批评并不能解决根本问题，学生错误的行为背后一定是有原因的，从原因入手才能引导学生转向正确的方向，才是教育的正常路径。批评时幽默非常重要，在幽默中让学生明白做人的道理，保护学生的自尊心，让他的内心产生共鸣，这样的方式更易被学生接受。

（广州第一一七中学　胡丽君）

帮我拿一下U盘好吗

【情境再现】

我上完课回到办公室，发现U盘忘记带回来了，赶紧又掉头回去找。可是，在教室讲台上没找到，学生又都去做课间操了。发蒙的我又一路找回办公室。我思来想去，有些不对劲，把教室的监控调出来一看，才发现，是一个学生路过讲台时，拿起我的U盘扔进了讲台的一个小洞，扔完就走了。

看到这儿，我特别生气，怎么都初三了还这么调皮，这样恶作剧。

【创意应对】

好不容易等到课间，我又去教室，在学生们疑惑的眼神中走上讲台，想要拿回U盘。可是，没想到，那是一个漏洞，除了洞口，完全没其他地方可以进入，洞又很深。拿不出U盘的我越发生气了。

我环视了一圈教室，找到了那个调皮的孩子，正想发怒，就看见他避开我的眼神，手里把玩着一串回形针。我压了压怒火，把他喊过来，对他说："我的U盘在这个洞里面拿不出来，你可以帮我拿一下吗？"他点点头，然后把手里的回形针掰了掰，往小洞钩。折腾了好久，上课铃响了，他终于把U盘拿了出来。

拿到了U盘，我心里的火气已经散了。我高兴地对他说："谢谢你！"

第六篇　管理巧思
——小小方寸显智慧

我站在讲台上，对着全班同学说："今天上完课，我的U盘落下了，结果等我回来找的时候，竟然发现它被扔进了这个小洞，还好有××同学，帮我拿出来。"同学们七嘴八舌地说："是谁，太过分了！""是谁，不知道这样会耽误老师上课吗，罚他！"在同学们越来越高的指责声中，我看到他低着头，玩着那根掰直的回形针，一声不吭。我知道，这根回形针不是偶然出现在他手里的。

我示意同学们安静，然后说："有时候一个不经意的动作，一个看似玩笑的举止，可能会给别人带来麻烦。我相信这名同学不是故意和老师作对，只是无心之失，所以我也不追究了。但我希望在座的同学们以后要注意，好吗？最后，还是要谢谢××同学。"

第二天我来到办公室时，发现台面多了一张纸，上面只有三个字——"对不起"。

【教育感悟】

有时候学生也不想犯错误，他也不知道他的这个举动会造成什么样的后果，但是，他做了，才知道是犯错了。他也想过要弥补，有时候可能没办法，有时候可能是来不及。在有办法弥补的情况下，让他弥补，会比说教、批评、惩罚好得多吧！

（广州市黄埔区港湾中学　陈华晴）

和平对话，俯身交心

【情境再现】

学校这学期安排了三年级上特色课程"拉丁舞"，原是想让孩子们不再只是低头学习，而是多方面开发兴趣，全面实施素质教育。但是任课老师反馈课堂纪律不太行，我大致了解了一下情况，就在班里强调了几次纪律。没想到我上周刚强调完纪律，这周去突击检查，又发现了几个孩子有问题，当时我的那个火"蹭蹭蹭"地就来了。

【创意应对】

我跟任课老师请了假，把几个孩子带回了班里，刚想教训他们，看到他们水汪汪的大眼睛，想到我班孩子还是很淳朴的，我还是把火压了下去。我和他们围坐在一起，鼓励他们大胆说出不想上课的原因。一开始他们还扭扭捏捏，后面我说了一句："有事说出来！有话好好说！有问题想办法解决！不说什么都解决不了。老师想帮你解决也无从下手。"他们才七嘴八舌地说起来。

话匣子一打开，我才惊觉"幸好今天没有不问青红皂白地发脾气，孩子这么做都是有理由的"。小萱和小棋是我班出了名的"小蜗牛"，今天收拾东西慢了，到舞蹈室时已经上课，所以被罚。小代说脚痛，我才想起，这周他在楼梯上摔过两次，都是我目睹的。小良和小烨都是很内向的孩子，因为舞姿不美，被女孩子取笑，所以不想跳。

恰好下一节是我的品德课，我决定临时抽10分钟出来，全班一起解决拉丁舞课的问题。我把刚才几个孩子的情况说了一下，问同学们："如果你是老师或者当事人，你会怎样处理？""加快速度，不要磨蹭。""我们提醒她们快点。""走路时注意脚下，尤其是上下楼梯。""可能是鞋子有问题，换一双鞋子。""要主动跟任课老师说清楚情况，老师才不会冤枉你。""我们都有不会的时候，如果这个时候别人取笑我，我也会很伤心的。""我们不对，不应该取笑男生，我们以后会注意的。我们还可以教他们动作。"看看，我们的孩子多么纯真。这时，我插了一句："对啊，有事大胆说出来，有困难想办法克服，有问题想办法解决，你们看，你们的问题解决了吗？"那几个孩子都点头称是。

【教育感悟】

诚然，如果我们老师没有认真倾听孩子的习惯，缺乏对孩子的信任，折射出来的不仅是这个老师急于求成的心态，还会伤害孩子的心灵，致使师生之间距离越来越远。所以我们要经常反思自己对学生的态度，倾听学生的心声。站起来和孩子对话，俯下身和孩子交心。

（广州市黄埔区文冲小学　蔡淑妍）

223

第六篇　管理巧思
——小小方寸显智慧

创意评价励斗志，昂扬精神谱新篇
——学校创意评奖举例

【情景再现】

多年前的一次学农活动，基地老师要求我们评选出一、二、三等奖，在最后一天的总结大会上做出表彰。结果呢？拿到一等奖的班欢天喜地，拿到三等奖的学生好像是挨了批评一样，委屈地哭了，不停在说："我们哪里做得不好了？"

评奖，目的在于激励老师、激励学生，但是分等级地评奖，往往变成了"打击"一大片，不利于老师的团结，更不利于激励学生。

【创意应对】

我认为，评奖的目的是激励，所以从那次之后，我们学校就大力推动评价体系的改革，在学期总结、活动表彰等方面，全面启动创意评奖。

我们的创意评奖有以下几个原则：能起到励志作用；能充分体现这个集体的特点；要有创新，要有特色，不能雷同。

因此，我们的创意评奖有以下这些。

一、活动类

1. 经典咏流传

每年的读书节，高一、高二都会举行"经典咏流传"比赛，今年我们年级的特色奖如下。

高一（1）班：一表人才，万种风情奖；

高一（2）班：百舸争流奖；

高一（3）班：积极奋进奖；

高一（4）班：情深谊长奖；

高一（5）班：东方婉约奖；

高一（6）班：爱国气节奖；

高一（7）班：胸有成竹奖；

高一（8）班：气宇轩昂奖。

2. 学农

本学期我们的学农活动评奖就很有特色，被基地领导评价为"三十年来最有意思的一次总结颁奖"。比如高一（1）班的集体奖名称是"歆钦历落奖"：

这个奖名称独特，饱含了班主任对他们班学生的寄语。

3. 社会实践

春游、秋游等社会实践活动也是可以给班主任和学生鼓励的哟！比如野炊，我们可以设立"魅力拼盘奖""色彩斑斓奖"等，有的学生特别能干，几乎把他们小组的菜承包了，那我们可以给他一个"巧手奖"或者"全能战士奖"，即使有的小组出品了"黑暗料理"，我们也不妨给个"可乐奖"，鼓励他以后多学习，争取做出美味的菜肴。

二、期末总结类

以前我们都是设立"三好学生""优秀学生干部""全勤奖"和各类积极分子奖项，学生是不是已经觉得没意思了？那就试试"巧立名目"的奖励吧，比如：

"小博士"——成绩优秀的；

"语言天才"——语文、外语成绩优秀的；

"数学王子"——数学成绩优秀的；

"实验家"——物理或化学或生物成绩优秀的；

"思想家"——政治或历史或地理成绩优秀的；

"护班男（女）神"——热心班级事务的；

……

还有很多很多，老师们，你们又能想到什么奖呢？

【教育感悟】

苏格拉底说："教育的本质是唤醒，是开发你的内心。"学科竞赛、体育比赛，这些是激发人的求胜欲望，激发潜能的，可以也应该进行等级、名次的排位，但更多的时候，教育需要温度，需要激励。像前面所说的，大家一起去参加一个集体活动，没有哪个班落伍，那就没必要搞等级奖励，因为这样会伤害到很多老师的积极性。像"文明班"的评选，就不应该搞名额制，你选两个"文明班"，那第三名就觉得特别委屈，久而久之，大家的积极性就被磨灭了。多设一些有温情的奖励，鼓励大家都成为优秀，不管是老师还是学生，都努力争当优秀，这才是我们教育工作者所希望的。

（广州开发区外国语学校　张伟智）

小"特权"　大奇迹

【情境再现】

初一入学后，由于中小学各方面的跨越较大，部分学生的中小衔接不顺利，情绪上容易出现波动。A同学便是其中一个，长期与她相伴的双胞胎妹妹与她不在同一个校区，且她在住宿方面有抵触情绪，再加上学习成绩与小学时有落差，导致她产生了较为严重的厌学情绪。她经常性地请假或者是在父母把她送到学校门口后，坚决不肯下车进校门，无数次的劝导与开解都收效甚微。

【创意应对】

1.定位症结

与A同学进行多次谈话，并且邀请心理老师介入，辅以沙盘游戏，同时与她的朋友、父母进行较为深入的沟通，全方位了解A同学，并总结出她目前内心的核心症结：面对新环境，舒适圈已打破却无法找到自己的定位；对父母过分依赖，导致无法接受住宿生活。

2. 寻找突破口

基于所了解的信息，通过与家长的沟通，我们决定先把培养A同学的个人成就感与班级归属感作为突破口。

3. 巧用"特权"

A同学虽然是名女生，但热衷于打篮球，且非常擅长。为了培养A同学的个人成就感，我便号召部分同学每天陪着她去打篮球，并且策划了一次班级篮球大赛。A同学在每天的运动与此次的比赛中大放异彩，成为许多女同学钦佩的对象。

另外，为了能够及时了解并劝导她，且让她觉得自己是班级必不可少的一分子，我便利用自己的"特权"，给她寻找存在感。我找到她说："小A，老师现在有点苦恼，最近的任务特别多，你看我们教室离办公室又特别远，老师经常有事情需要通知你们，但是如果一天跑个七八趟，一方面老师身体吃不消，另一方面也非常影响工作效率。你是运动健将，能否帮帮老师，每天的课间有空的话都往我这里跑跑，帮忙转达老师的通知，可以吗？"A同学并没有拒绝，并且在第二天就开始执行。对此，我大为惊喜，也在班级里大力表扬并对她表达了感激之情，让她感觉到自己在班级里的存在是有价值的。经过一个月的"零距离"接触，潜移默化地渗透，A同学已经成为我最得力的小助手，也是班级同学公认的热心分子。至此，她的内心症结已被一一打开。

【教育感悟】

班主任不仅是班级的管理者，更是陪伴学生成长、化解学生困惑的朋友。学生是不断发展的个体，有时候出现的问题只是短暂的，只要班主任用心加以正确引导是可以解决的。作为班主任，我们也有许多的"特权"，只要我们发挥教育智慧，巧用小"特权"，往往能够收获大奇迹。

（广州中学　王晓漫）

第六篇　管理巧思
——小小方寸显智慧

找"亮点"

【情境再现】

早上，我回到班上，习惯性看向班级图书角，发觉有不妥，靠近一看，十分恼火，桌下有矿泉水瓶和吃剩的鸡骨头，是刻意扔的！我心中的怒火随即要爆发！

【创意应对】

岂有此理！我正想拍桌子，揪出那个乱扔垃圾的孩子，无意中看见讲台上那堆宣传单，心生一计。于是我用这堆宣传单折了一个个箭头，从教室门外一直延伸到图书角，并在终点处写上了"亮点"两字！

孩子们陆续背着书包回到班上，看到"亮点"两字，不知班级发生了什么事情，好奇心十足地沿箭头走了过去，表情从好奇的兴奋到愤怒！"GG33为何有这样的人？""这是哪个扔的，怎会这样没素质？""就不能顺手把垃圾扔垃圾桶吗？要这样扔！"……随着一个个孩子走过，从他们发出的各种不满的声音中，我想教育的目的达到了！有些孩子想去清理，我制止了！要让这些东西留一天，让每人今天走过都看一看、想一想、记一记！后来孩子们提议，给犯错同学一个机会，谁做的谁中午时悄悄清理掉！极好的提议！下午回到班上，那堆垃圾不见了！我相信以后，他们再乱扔垃圾时，都会深刻记得这后果。

【教育感悟】

当学生犯错误的时候，我们往往"恨铁不成钢"，一味地批评训斥，以一种居高临下、粗暴武断的方式进行教育，甚至怒气冲天。其实有很多时候，冲学生发火并不能解决实际问题，简单的训斥、批评或者进行苦口婆心的教导也未必奏效。有时候什么也不说，让孩子去体验，反而会起到更好的效果。

不怒而威！对待学生的错误行为，不一定是大发雷霆，幽默点也会达到极致效果！

（广州石化中学　朱穗清）

借 条

【情境再现】

学校发了参加意外保险的通知，让愿意购买的家长将钱交给孩子，再由孩子在学校交给保险公司的工作人员，而今天是工作人员来收钱的日子。我组织学生有序地排队交钱签名，但是小怡同学却扭扭捏捏地在我面前晃，悄悄对我说："老师，我忘带钱了，您先借我50元好吗？"

这已经不是第一次了，小怡的消费欲望很强，有过好几次，把该交的费用自己吃吃喝喝，然后耍赖让家长补交的情况。

【创意应对】

刚听到小怡同学的话，我就想按照以往的惯例，和家长联系，然后让家长把费用送过来。但是，一转身，我觉得这样不好，小怡不会改正这个毛病

第六篇　管理巧思
——小小方寸显智慧

的。于是我把小怡带到办公室，打开钱包，很大方地说："小怡，要借钱是吗？没问题，要多少都可以。但是，你要写借条，用你自己的零花钱还，并且一天没还清钱，一天就要来办公室打扫卫生，用劳动抵利息哦！"

小怡犹豫了，说："老师，您和我爸爸说一声，让我爸爸把钱还给您，好吗？"

"小怡，这钱是你借还是你爸爸借呀？难道他没有给你买保险的钱吗？"

小怡有些委屈地说："爸爸给了，只是我今天出门忍不住花了。老师，我还不起50元。"

"你花了多少呢？"

小怡掏了掏口袋，说："我现在只有38元了。"

"那我借你12元，你每天还我2元，也可以的呀。"

小怡认真想了想，答应了，并且按照约定写下了借条。

之后我和家长联系，解释我这样做的目的，同时请家长配合。接下来的每天，小怡都来找我还"债务"，放学后打扫办公室，也和我聊了很多，包括自己反省专款专用和积蓄的重要性。从此在金钱的问题上，他没有再犯错，和家长的沟通也越来越好。

【教育感悟】

学生在成长的过程中，总会慢慢地受到物质的诱惑，意识到金钱的魅力，也总会有学生控制不了自己的消费欲望和对金钱的贪念，从而引发不当的行为。作为老师，应和学生商量解决的方法，让学生明白自己负责、承担是他们成长的一部分。

（广州市黄埔区港湾中学　陈华晴）

值日逃跑

【情境再现】

"老师，刘东又逃值日了，昨天他说他忘了，今天一放学他拿起书包就跑，我追他他还跑，他就是故意的！"这样的情况相信不少班主任都经历过：学生不爱值日，要么直接忘记，要么当众逃跑，要么敷衍了事。不管你说也好，罚也好，学生爱理不理，你越是罚，他越是逃，以至于班级的卫生情况愈来愈差。

【创意应对】

面对这样的学生，我也很头疼，经过一番思考后，我决定采用"值日分组承包制"。我将每天的值日内容列出来，让学生自己分组，人数不超过6人；每天一个组承包当天的值日；值日时，小组长组织组员并监督，值日完毕后要签名；劳动委员、班长以及学校的卫生评比员共同打分。值日完一轮后，对分数进行汇合，分数最少的两组要接受惩罚。

分组值日受到了大部分同学的欢迎，他们很快分好组，并进行分工和推选小组长。但是，像刘东这样爱偷懒的同学慌了，因为他们发现并没有同学愿意和他们一组，即使玩得好的朋友都嫌弃他们爱逃值日，宁愿和别人组队。他们不断争取和保证后，终于勉强加入了值日小组，"值日分组承包制"就开始实施了。

【教育感悟】

对于中学生来说，同年级伙伴之间的约束力尤为有效。因此，当学生个人出现问题时，可以尝试借用同伴的力量来纠正，也许会有意想不到的效果！

（广州市黄埔区港湾中学　陈华晴）

为她，我进行了一场主题班会

【情境再现】

2011年9月，我新接手了高三（4）班这个文科的普通班。由于学习基础比较薄弱，高考又迫在眉睫，班级很多学生对自己没有信心，备考气氛压抑。

开学不久，有个家长找到我，想了解她女儿何某在学校的表现。何某是班上女同学的典型，性格内向，学习成绩较差。但家长却反复跟我强调，她女儿其实小学、初中成绩都很好，在很多方面表现优异，如小学参加市级的游泳比赛，拿过奖；9岁多的时候去东北学滑雪，学得很快，滑得很不错，得到大家的称赞；等等。但到了高中以后她的成绩就下降了，希望我能帮帮她。

【创意应对】

家长走后，我不断地思考，这样的学生我能怎么帮他们呢？在父母眼中，他们是优秀的，但眼下却面临困境。

一周以后，我的主题班会课"做最成功的自己"出炉了。在开场白中，我说："每个人，不管现在怎么样，都有他优秀的一面，都有他最擅长的地方，都有曾经让他最引以为傲的体验，今天就请大家利用这次班会课，给全班同学分享最成功的自己。"学生们没有准备，他们的表达并不生动，但他们所分享的经历，一定深深地感动过自己——

"我练习跆拳道时，打倒过比我强大很多的对手。""我的作文得过全国二等奖。"……

这一两句简单的陈述，却是他们最真实、最骄傲的自己！

最后，我总结道："我们都曾经有过成功的体验，那一刻，我们感动了自己。今天，在我们备战高考的关键时刻，请大家要有信心战胜你所遇到的困难，在高考这场战役中，做最成功的自己！"

在之后的一段时间，班里的备考氛围发生了很大的转变，大部分同学充满自信，积极备考。

【教育感悟】

好的班主任，要为学生提供各种平台和机会，善于唤醒孩子心中那个积极、强大的自己！

（广州市第八十六中学　张　科）

小小课堂记录本

【情景再现】

班级有段时间经常有一些学生喜欢上课胡乱讲话、课堂趴桌睡觉，这对积极向上班风的营造有着不利的影响。

【创意应对】

鉴于高中课时紧张，老师不可能紧盯班上几个违反课堂纪律的学生，而忽略大部分学生正常听课的需要。为此，我设计了"小小课堂记录本"，让经常在课堂上违反纪律的学生（数量不宜太多）人手准备一本，要求他们每节课后请科任老师写评语及签名，累计一周之后给家长签名（在学生开展此活动之前先与家长沟通，让家长理解和配合学校工作），下一周的周一我进行检查。倘若学生课堂表现依然不佳，按照学生之前给我许下的承诺进行处罚；倘若学生在数周内课堂表现有较大改善，则取消课堂记录。

需要记录课堂行为的学生的纪律有了较大改善，科任老师也对此举措大为赞赏，班级其余学生为了避免单独填写课堂记录本，违反纪律的情况也有所改善，所以该做法起到"一石二鸟"的作用。

【教育感悟】

班级学生个性差异大，为了班级整体氛围的改善，适合针对实际情况采取不一样的教育方法。与此同时，施加教育的过程中要充分发挥家校合作的作用，只有形成合力才能有效施以教育措施。

［广州开发区外国语学校（南校区）　游艳雯］

自嘲应对也无妨

【情境再现】

一天，预备铃响后，我走进教室，发现许多同学在窃笑。待我走上讲台，有同学忍不住告诉我："老师你看！A同学给你画了幅画像，脸上还画了青春痘！"话音一落，大家都顺着他指的方向看。只见黑板一角赫然画着一幅头像，高马尾，斜刘海，脸上还点了些貌似代表着青春痘的圆点。同学们有的哈哈大笑，有的在等着看热闹，一时间班里乱哄哄的。

【创意应对】

我认真看着画像，并不说话。待同学们稍静下来后我微微点头，说道："咦，其实这画像画得还不错哦！短短的课间几分钟能画出这效果，说明还是有一定功底的，人物特征勾勒得挺明显，青春痘这细节都体现出来了呢！"

同学们笑了，画的同学好像有点不好意思了。

我接着说道："老师这青春痘是挺明显的，不过老师的优点也是很明显的呀，如老师的课讲得不错呀！对吧？！"

同学们都笑了，大声回应："对！"

我转换语调，严肃地说："那现在我们要准备上课了。我来看看哪些同学已经准备好上课而且端正坐好了？"同学们很快调整了状态，我们在认真与愉悦中完成了课堂任务。

课后我找到A同学，肯定了他的画技，和他聊了尊重与公开场合影响的问题，他真诚地和我说他明白了。

【教育感悟】

自嘲，化解了尴尬，让课堂得以顺利进行，事后再与学生沟通，学生也对他的行为有了正确的认识。有时候，自嘲应对也无妨。

（广州市南沙区湾区实验学校　叶春鲜）

发"错"群

【情景再现】

一天，下午刚放学，我到班中找班长安排日常工作，正要走进教室时，余光却发现教室后排有两名同学（一名男同学，一名女同学）正伸开手臂准备相拥，他们看到我立即笑笑走开了。

【创意应对】

我没有立即指责他们，而是先交代好班中的事务，再思考下一步要如何正确引导同学们。因为已经是放学时间，我交代完任务的时候，教室已经没什么人了。于是我顺便询问了班长那两名同学的情况，以及他们在班中的一些表现。晚上回到家，我在班级的微信群发出了"哎呀，今天好像看到学校有两名同学差点抱在一起了，怎么处理啊？"的疑问。我平时与同学们的相处都是比较轻松的，也经常把问题抛给同学们来引导他们解决，这是我敢于在群里直接发问的原因。很快，便有学生开始回应我了。有的同学说："建议参考七年级下册《道德与法治》——《青春萌动》。"有的同学说："现在正是刻苦学习之时。"……同学们在群里发表了自己的一些见解，于是我顺势接话："上面的同学看来对如何正确处理与异性同学之间的关系比较有想法，那我们明天早上第一节课一起来分享一下吧！"为了让同学们不害羞，明天能够大胆发言，我配上了大大的笑脸。

第二天早上，我很早就来到了教室等待同学们。随后，接着昨天的话题，我们开了一个简短的班会。同学们纷纷发表了自己的感想，更有同学引用了"薛定谔的猫"的理论："只要我们拿起量子论一起研究世界之真理，将我们的多巴胺与荷尔蒙泼洒在量子论上，这才是真正的爱，这才是伟大的真理！"昨天的那名同学也站起来说："把这份浪漫留给二十几岁的我，而把十几岁的我留给汗水和拼搏，千言万语的秀恩爱都不如两张一模一样的大学录取通知书。"……最后，我告诉同学们："年轻的我们，要做的事还很多，要走的路还很长，该把握住青春，去做我们该做的事情，正确处理好与同学之间的关系，不轻易去爱，把我们的爱珍藏心底，把我们的爱化作纯洁的友情，更不要轻易去恨，让自己活得轻松些，让青春多留下些潇洒的印痕，这才无悔青春。"

【教育感悟】

作为高中生，他们懵懵懂懂，尚未形成成熟的价值观，这个时候需要教师积极地引导。看似应该发给同行教师一起探讨的一个疑问却发到了学生群，其实是我故意抛给学生的问题，利用班级群体效应，来达到教育的目的——既让同学们意识到当前的主要任务是学习，也能引导同学们正确处理与异性同学之间的关系。

（广州石化中学　庄嘉慧）

236

班级"悄悄话"

【情境再现】

每个班主任都有自己得力的小助手，那就是班干部队伍。在七年级班级组建初期，我们班通过学生选举成立了自己的班干部队伍。起初班干部们都干得特别起劲，而且会定期向我反映一些班级的不良现象，查证情况属实后我也及时进行了整改。后来我发现班干部来找我反映情况的次数越来越少，久而久之就几乎不来了。出于好奇，我私下找了班长来询问，她说："班里的同学都知道有班干部向老师反映班级情况，他们私下都叫我们'内奸'。"

【创意应对】

作为班主任，自己一方面也理解被投诉的同学对偷偷"打小报告"的同伴的反感；另一方面，从自身管理角度出发，没有"火眼金睛"的我确实需要从班干部方面入手来了解班级的一些事务。为解决这个问题，我在班级放置了一个带有锁的班级"悄悄话"信箱，鼓励班里的每一个孩子一周至少写一条对老师最想说的话放入信箱，可以自选是否匿名，内容可以是自己的烦恼，可以是对班级不良现象的反映，可以是对班级发展的建议，可以是对老师的期待，等等。我定期开箱查阅，给学生答疑解惑，对纸条上写有班级不良现象和提出班级发展建议的同学进行匿名表扬，告诉学生这是一种具有很强的班级责任感的表现，鼓励同学们能够发扬主人翁意识，主动分析班级现阶段的优点和不足，并提出自己的改进建议。我把实际存在的问题放在班会上集体讨论，对有效的改进建议予以采纳。久而久之，班里越来越多的同学加入"悄悄话"的行列，大家集思广益，学生的主人翁意识不断增强，再也没有出现指责班干部的现象。

【教育感悟】

初中的学生随着生理的发育和心理的成熟，越来越敏感，很多话不愿意直接对老师说；初中的孩子也尤为注意自己在同伴中的影响，害怕自己不合群。如何引导学生既敢于在班级中说真话，主动发挥自己的主人翁意识，又避免因为说真话被其他同学孤立？我觉得无声沟通也是一种极为有效的方式，教育可以是无声的，用无声来保护孩子的自尊心，用无声来倾听学生内心的声音。教育无声，静待花开。

（广州市花都区新雅街镜湖学校　杨晓婷）

对症下药，打败"小怪兽"

【情境再现】

四年级分班时，小D分到了我们班上，据前班主任反映：小D三年级时是"打架名人"，不仅经常和同学发生冲突，还欺负高年级学生，并且打架后从不肯认错。老师联系家长到校，也无法解决问题。开学一星期，屡次收到同学投诉，班上没有一个同学愿意与他同桌。

第六篇　管理巧思
——小小方寸显智慧

【创意应对】

1. 开出药方，认识"情绪小怪兽"

通过了解和查阅相关资料，我了解到，小D之所以和同学发生冲突，最重要的原因是无法控制情绪，所以我决定召开一次班会——控制"情绪小怪兽"。

（1）开展活动"掌中大脑"，认识"情绪小怪兽"。

（2）引导思考：当"情绪小怪兽"跑出来时，它可能会咬伤人，会产生意想不到的后果，那么我们应该怎么应对呢？在别人的"小怪兽"跑出来时，我们又应该怎么做？

（3）头脑风暴：怎样安抚"情绪小怪兽"。

2. 巧用良药，感化"暴躁小怪兽"

事件一：小芬的投诉

课间，外班的小芬向我投诉小D打了她，小D却不肯道歉，于是我替小D向小芬道歉。得到小芬原谅后，我对小D说："下一次，小怪兽再跑出来时，请你先把拳头放在身后，好吗？"

事件二：说出"对不起"

一天下午放学，小D把苏苏推倒了，我看到了小D那双微微颤抖伸向苏苏却又不敢扶的手，意识到他已经知道自己错了，便轻声对他说："老师看得出来，其实你很内疚，那么你应该做些什么呢？"我静静地等了一会儿，他仍旧沉默。我牵起他的手，和他一起把苏苏扶起来。让我意想不到的是，就在我们扶起苏苏时，小D竟低声地对苏苏说："对不起！"

3. "康复"训练，打造"班级足球王"

在四年级的校队足球选拔赛中，小D被选入了校足球队，每当他参加足球赛时，我都会把消息发到家长群，让有空的家长带着孩子去为他加油，我也会抽空去看他比赛。在学习《球王贝利》时，同学们都说小D就是我们班的球王。我很欣慰，同学们已经完全接纳了小D。

【教育感悟】

小D的情况其实在小学生中比较常见，由于不会情绪管理，语言沟通不到位，再加上发生事情后教育者一味地批评指责，他们丧失信心，在班集体中无法找到归属感和价值感，在这种情况下，"用拳头解决问题"的想法在他们心中根深蒂固。我运用"掌中大脑""积极暂停""我句式沟通"等一系列方法、工具引导小D改变。所以作为一名班主任，光有爱心是远远不够的，我们要不断学习，更新自己的观念，让自己有更多的智慧去帮助遇见的每一个孩子。

（英德市第七小学　廖蓉蓉）

找准契机，改变孩子

【情境再现】

我班有一娃，11岁，名小A，上语文课时，语文书下摆一本数学书，上英语课时算数学题，上数学课时偷偷研究奥数题，作业上交情况则视心情而定。就这样一娃，偶尔听听课，成绩也不差，象棋、围棋班上无人能敌，自学电钢琴，弹得有模有样。如果可以，我想挖开他的脑袋看看，天才和普通人究竟有什么不一样？

【创意应对】

第一步：按兵不动

和这娃讲道理，自讨苦吃；示弱求饶，只会让他更看不起你……苦无良策，先睁一只眼闭一只眼，再慢慢寻找机会。

第二步：机不可失

那天的语文课是写科幻故事，他难得积极互动，当堂习作也顺利完成。令我万万没想到的是，放学后，他居然跑到办公室问我，看了他的作文没。我受宠若惊，赶紧翻开他的作文，好家伙，洋洋洒洒800多字，内容丰富，情节生动。我连连夸他有想象力。没想到这家伙相当理智："老师，我一写就停不下来，如果在考场上，作文不能写这多字，怎么办？我一句也舍不得删

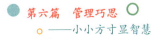

掉。"我赶紧给他竖起大拇指，然后和他一起分析习作中哪些内容可以删去，哪些内容可以保留。

第三步：趁热打铁

他正准备离开，我看着他，认真地问："关于习作中哪些内容详写，哪些内容略写，是我们第一单元学习和掌握的内容，你当时在做什么呢？"他看着我不出声，于是我给他讲了方仲永的故事，并让他阅读他的偶像——数学家华罗庚的演讲稿：《聪明在于学习，天才在于积累》。

第四步：点滴改变

从那以后，小A上课认真了些，不认真时，我提醒他，他也乐于接受。

【教育感悟】

每个孩子都是独一无二的，我们不能把孩子的个性看成他的缺点而死死地揪住不放。改变一个孩子，需要契机，作为班主任，要拥有一双慧眼。同时，在孩子成长的过程中，总会遇到不同的问题，但无论怎样，只有接纳孩子，才能走进他们的内心，才能和孩子一起打败问题。

（英德市第七小学　廖蓉蓉）

创意评语

——个性化评语

　　每到期末，班主任们就迎来了一个艰巨但又温暖的工作，那就是给学生写评语。而学生拿到《成长手册》，第一时间关注的也是评语：我在老师眼中是一个怎么样的人？老师表扬我了吗？老师又告状了吗？学生的情绪，有时往往会因为一句评语波动起伏。因此，评语是师生情感交流不可忽略的纽带。

　　我们知道世界上没有两片相同的叶子，我们班级的孩子也一样。若评语能针对这"唯一"因人施"语"，学生就会因这与众不同的私人订制，感受到老师别样的关爱和鼓励，对你心悦诚服。那么，就来看看，都有哪些个性化的评语可以拿来用吧。

　　当然，形式和语言并不是唯一的关键，也不应该为追求个性新奇而忽略了初衷。我们的评语是为了传递爱和鼓励，让学生更清楚、全面地认识自己，扬长避短，更有信心和力量去追逐梦想。

1.古文体

展文兄人如其名：风华毕展，文质彬彬。惜乎受余蛊惑，热血上而登台，登台而后竟班长，一举成名而天下知。不复昔日之潇洒翩翩，日日劳心费神处理班务。于无声处见手段，在细微处显功夫。班级大治，得益于君！君自当鹏程九万里，展宏图而抒壮志！

（广州开发区外国语学校　张义豪）

张霖者，广州本地人也。爱习文、通书法、乐助人、勤劳动，乃师之助手也。

（广州市黄埔区荔园小学　张　媚）

2.藏头诗体

黄沙吹尽始见金，
海深天阔勤攀登，
岚光破崖春如煦。
清心求学好奋飞，
华年金色不虚度，
大展宏图榜名题，
学浪词锋压九州。

（注：这是写给面临初三中考，成绩优秀的一名女孩子的，写评语时刚好是我从清华大学学习归来，在给他们介绍清华大学的点滴中，看得出这孩子十分向往，评语就以此做素材激励其去拼搏。）

×家有女初长成，
辛勤不计一砚寒。
琳珪清越资质美，
沉毅自制润芳泽，
心坚磨就人高格。

静意砥砺成大器，

气正芳华好风节。

（注：这是写给面临初三中考，成绩优秀的一名女孩子的，当时她正为报考志愿纠结中，想择高而报，又担心落榜，急于提高，但又沉不下心，以此诗安抚，沉心静气，砥砺前行！）

（广州石化中学　朱穗清）

叶子茂盛才讨喜，

梓里众邻盼消息，

杰出本领需努力，

好书伴行不容易，

好景以来要珍惜，

学好知识为自己，

习得本领创佳绩。

（注：这是写给班上一个调皮不爱学习的男孩子的，希望他好好学习，争取取得属于自己的进步。）

顾此失彼不该有，

亮节高风才长久，

聪慧可爱惹人喜，

明白道理成绩优，

好学上进超你我，

学业有成好处多，

知行合一需要有，

识别好坏真不赖，

广读诗书结好果。

（注：这是写给班上一个聪明好学、成绩优秀、知识面广，但有点斤斤计较的男孩子的。）

（广州市黄埔区荔园小学　张　媚）

附录　创意评语

——个性化评语

3. 现代诗体

记忆中，

你轻轻地来了，

带着一点顽皮。

你是那么的纯真，

虚伪无可逼近。

你轻轻地来了，

带着一点梦想，

你是那么的可爱。

你幽幽地来了，

清新是你的气质，

单纯是你的财富。

转眼中，

悲壮的时光即将来临。

面对这黎明前的黑暗，

我们

从现在开始，

不再思绪缥缈，

做个真正拼搏的战士；

从现在开始，

不再说那么多万一，

坚定充盈自己的身和心；

从现在开始，

努力奋斗，

因为我们有疯子样的心脏！

嘻！嘻！嘻！

伴你同行，

迎接胜利的曙光！

（注：这是写给面临初三中考，爱看《读者》卷首语，爱现代诗句的一个文静的女孩的，她很勤奋，在学习遇到瓶颈难以突破时，迷茫无措，作此现代诗为期末评语鼓励她。）

（广州石化中学　朱穗清）

（一）

你如清风

姗姗而来

笑声轻灵

点亮了周遭的世界

你如明月

悄然而现

眼眸清亮

穿破尘世的纯净

你又像鲜艳的花

开得灿烂

又像四季交替的时间

理性公正

相信你不困于现实

希望你处事安然

愿你归来依旧

可爱又坚定

（二）

你是来自晨曦的列车

你睁着求知的眼睛

目光落在你脸颊

你来自浩瀚的宇宙

你寻着邈远的真理

星光随你前行

少年的征程是星辰大海

愿你怀揣着热忱的心

向未来进军

（注：以上内容均是学生所创，他们写的时候也很感兴趣，分享给同学们，大家都很开心。）

（华南师范大学附属初级中学　朱晓敏）

你的欢笑像一支歌，你的热情像一团火。

课上，你是小鱼，在知识的海洋里畅游；

课间，你像蝴蝶，在朋友的笑语中飞舞。

暖的阳，美的花，春天的光，你像。

踏实、勤奋、刻苦，你是。

你是有目标有理想有行动的好孩子。

你是我们的好榜样！

（广州市黄埔区港湾中学　黄　晖）

4.三行诗体

我喜欢

春天的花，夏天的雨，秋天的云，冬天的雪

还有，认真学习的你

（广州市黄埔区天健学校　肖晶晶）

5.淘宝体

亲：在本店主这么多年的卖货生涯中，还从没遇到过你这样独特的人。外貌如此秀气文雅的小姑娘，管理同学却毫不留情，铁面无私；在人前总是一张阳光笑脸，背后却会因为被同学误解而掉眼泪。优秀学生的投票印证了你在同学们心中的位置！这么好的小姑娘谁不想再来一打呢？不包邮我也要！

（广州开发区外国语学校　张义豪）

亲亲，这边还没有见过像你这样性情豪爽的女生呢。朝，跟亲的名字一样，朝气蓬勃，有男孩的爽朗。颖，聪颖。这边还没有见过你这样出口成章，说狠话不留情的买家，人直白又俏皮。

感谢亲在我这儿留下足迹，使我这精神的三间小店铺"蓬荜生辉"。希望我们能继续携手，互惠共赢。么么哒。

（注：以上内容均是学生所创，他们写的时候也很感兴趣，分享给同学们，大家都很开心。）

（华南师范大学附属初级中学　朱晓敏）

亲，你是个活泼可爱的小朱朱喔。你能够一直保持体育锻炼真是很棒棒啊！对于语文科代的工作你认真负责，尽心尽力，帮了我很大的忙，谢谢你啦！看到你在舞台上神采飞扬的样子，我超喜欢的。可是，亲，你这个学期对自己有小小放松哟，学习、作业、上课都有做得不太好的地方，这样会拿不到五星好评的噢。

（广州市黄埔区港湾中学　黄晖）

附录　创意评语
——个性化评语

6. 校训体

诚——你诚实守信，答应我的事总是能做到。最感动的就是那次月考你没考好，你拿着成绩单主动来领罚。其实坦白说，繁忙的工作已经让我忘记在开学初我们有个约定——每次月考你要考120分以上。但你依然主动来道歉、领罚，态度诚恳，这种诚实守信的精神让我很受感动！

勤——你勤奋学习，不甘落于人后。听你妈妈说你每天都12点才睡觉，做完作业就复习。相信这也是你成绩优秀的法宝。那么请你好好珍惜这个法宝。不过，叶老师希望你也要保重身体。每次看到你疲惫的双眼，我就很心疼。下次提前一个小时睡觉，好吗？

朴——你虽然朴素无华，但有内在美，总是会替别人着想。我总觉得内在美才是世界上最长久的美，也是最珍贵的品质。它能让你得到更多人的赏识。

真——你的真情实感，经常在你我的相处中流露。记得有一次你写了一张自制的生日卡片送我，上面记录了我和你的点点滴滴，并且透露你对我的真实想法，让我感受到温暖与贴心。

最后祝我的"小棉袄"能继续保持"诚勤朴真"的精神，将来你一定会走得更高更远！

（注：广州石化中学的校训就是"诚勤朴真"，希望每一个石化学子都能牢记这四个字，并以此作为目标，今天你以母校为荣，明天母校以你为荣！）

（广州石化中学 叶园园）

7. 文言古体

七班吴生贤晨，憨也。余三年来，未曾见一人似汝言甚少。吴生心怀大志，显也。然近来未尝崭露头角，然吴生，心静，志不渝。余诚以为若坚定，则成大器。

（注：以上内容是学生所创，他们写的时候也很感兴趣，分享给同学们，大家都很开心。）

（华南师范大学附属初级中学 朱晓敏）

8. 隐喻体

你那么阳光，那么帅气，那么开朗，是邻家可爱的小哥哥。

你那么认真，那么负责，那么守纪，是老师称职的好帮手。

我看到了你在努力地学习，也看到了你有时的放松和彷徨。

我知道你心里的迷茫和挣扎，也知道你的坚持和追求。

人生哪有那么多的鲜花和掌声，更多的，

是大雨滂沱之后的彩虹，是用力过后的成功！

（广州市黄埔区港湾中学　黄　晖）

9. 信件体

不要瞧不起你手头上所做的每一件琐碎小事，把它们干漂亮了，才能成就将来的大事。不要去焦虑太远的明天，因为焦虑并不能解决任何问题，只会令现状变得更糟糕。你迷茫的原因往往只有一个：那就是在本该拼命去努力的年纪，想得太多，做得太少……

在初三余下的160多天里，我想对你说：不因幸运而故步自封，不因厄运而一蹶不振。真正的强者，善于从顺境中找到阴影，从逆境中找到光亮，时时校准自我前进的目标。

（注：这是写给有些自负，有想拼搏的心，却没拼搏行动，期末考试失利的一名男孩子的，以帮助他认识自己的问题所在，争取在初三最后一学期中做出改变。）

（广州石化中学　朱穗清）

10. 歌词仿写体

喜欢看你翘起的嘴角，喜欢你努力后取得好成绩的欢笑。

喜欢看你飞扬的眉梢，喜欢你奋斗后有了进步后的神采。

你笑起来真好看，像春天的花一样，

把所有的烦恼所有的忧愁，统统地吹散。

249

附录　创意评语
——个性化评语

你认真的样子真好看，像夏天的阳光，

整个世界全部的时光，是最美的画卷。

（广州市黄埔区港湾中学　黄　晖）

11. 数学体

你是一个聪明善良的阳光男孩，不过你的成绩是$a<0$的二次函数对称轴附近区间的动点，你会因为一些问题，让自己的成绩处于对称轴左边部分的一个比较低的位置，然后就奋发图强，让y随x的增大而增大，直至去到自己认为的最高点，又让y随x的增大而减小了。你知道吗？这样的起伏不定，不利于你的身心健康成长哦，要慢慢学会调整自己的情绪，让自己稳稳地处于对称轴的左边，然后慢慢地上升，这样你就可以到达抛物线的顶点啦！

（广州市黄埔区玉鸣小学　陈玉琴）

亲爱的××同学，一学期悄悄过去了，本学期，你轻轻地来到我身边；

你每天带给我的"意外"，仿佛是一个无穷集合里的元素，取之不尽，却又各不相同；

于是，我跟你谈话成了一个无限循环小数，一遍又一遍，永不停歇；

但我们的心却是平行线，永远不存在交点；

渐渐地，你的学习成了我生活里的定义域，你的思想就是我工作的值域；

我所做的一切，只是想你明白：

"努力"与"收获"就是抛物线里的焦点与准线，你努力有多深，回报便有多真；

希望你的努力，就像是以e为底的指数函数，不论经过多少求导的风雨，依然不改本色；

零向量可以有很多方向，却只有一个长度，希望你也一样，兴趣爱好可以很广泛，但提高自己的综合素养才是你不变的初心；

$0.99^{365}=0.0255179644522912$，告诉我们少一分的努力，差之千里；

$1.01^{365}=37.7834343328872$，告诉我们不积跬步，无以至千里；

$1.02^{365}=1377.40829196607$，告诉我们再多一分的付出，获千倍收成。

加油努力吧，孩子！

（广州石化中学　黄志君）